U1004795

安徽师范大学
大学生护航行动计划
AHNU Student Supportive Action Plan

大学生护航行动计划
2024年度报告

安徽师范大学学生工作委员会◎主编

安徽师范大学出版社
ANHUI NORMAL UNIVERSITY PRESS
·芜湖·

图书在版编目(CIP)数据

安徽师范大学大学生护航行动计划2024年度报告 / 安徽师范大学学生工作委员会主编. -- 芜湖 : 安徽师范大学出版社, 2025. 8. -- ISBN 978-7-5676-7445-5

Ⅰ. G645.5

中国国家版本馆CIP数据核字第2025S7B223号

安徽师范大学大学生护航行动计划2024年度报告

ANHUI SHIFAN DAXUE DAXUESHENG HUHANG XINGDONG JIHUA 2024 NIANDU BAOGAO

安徽师范大学学生工作委员会 主编

责任编辑: 李克非　　　　责任校对: 辛新新

装帧设计: 张　玲　汤彬彬　　责任印制: 桑国磊

出版发行: 安徽师范大学出版社

芜湖市北京中路2号安徽师范大学赭山校区

网　　址: https://press.ahnu.edu.cn

发 行 部: 0553-3883578　5910327　5910310(传真)

印　　刷: 江苏凤凰数码印务有限公司

版　　次: 2025年8月第1版

印　　次: 2025年8月第1次印刷

规　　格: 700 mm × 1000 mm　1/16

印　　张: 12.5　　插　页: 2

字　　数: 195千字

书　　号: 978-7-5676-7445-5

定　　价: 49.00元

凡发现图书有质量问题,请与我社联系(联系电话:0553-5910315)

安徽师范大学

大学生护航行动计划

AHNU Student Supportive Action Plan

爱 “L” LOVE
教育 ” T ” TEACH
爱的教育

护、航首字母”H”

火把
传递、温暖

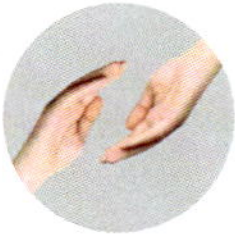

双手相合
守护、传递、关爱

飞鸟
自由、和谐、年轻活力
指代大学生

安徽师范大学大学生护航行动计划LOGO

前　言

立德树人是我国高校的根本任务。新时代高校育人工作面临新的形势和任务，物质生产之变、信息技术之变、精神文化之变、教育生态之变，给大学生思想教育和管理服务工作带来了新的机遇和挑战。如何更好地统筹学生发展与安全、有效推进新时代立德树人工程，成为高校必须回答的时代课题。

2023年，在时任校长李亚栋院士的倡导下，安徽师范大学启动实施大学生护航行动计划，将其作为推进“时代新人铸魂工程”的师大实践和教育实验。该计划实施以来，学校育人工作取得了积极进展和明显成效，办学逻辑日益优化，育人合力有效汇聚，学生工作深度转型，行动实践纵深推进，社会影响不断扩大。

2024年是学校实施大学生护航行动计划的第二年，是该计划“起承转合”四年攻坚阶段的重要年份。学校在《安徽师范大学大学生护航行动计划》（师发〔2023〕46号）的基础上，制定实施了《安徽师范大学大学生护航行动计划实施纲要（2023—2026）》，一体推进了思想护航、学习护航、生活护航、情感护航和身心护航，深入开展护航计划的专题研究，为护航计划的可持续发展打下了扎实的基础。

为了进一步固化成果、深化实践，学校组织编撰了《安徽师范大学大学生护航行动计划2024年度报告》。本书从“年度报告”“工作案例”和“附录”等方面系统梳理总结了2024年度护航计划的实施情况，全景式呈现了学校护航育人的总体架构、目标思路和举措成效，集中展示了学校对立德树人的总体谋划、学院对育人责任的主体担当、职能部门的积极作为和师生员工的协同育人，初步形成了“家—校—医—社”全主体协同、“教—管—服—学”全要素育人的工作机制和良好氛围。

育人永无止境，创新引领发展。学校将毫不动摇地深入实施大学生护航行动计划，全面构建护航计划支持体系，扎实推进学生工作专业化转型升级，力争为新时代高校学生工作高质量发展创造更多的工作业绩和有效经验。

目　录

安徽师范大学大学生护航行动计划2024年度报告

为深入贯彻习近平总书记关于教育的重要论述和全国、全省教育大会精神，扎实推进“时代新人铸魂工程”，全面落实高校立德树人根本任务，积极推动新时代高校学生工作创新发展，安徽师范大学组织实施了大学生护航行动计划（以下简称“护航计划”），现就2024年度护航计划开展情况总结报告如下。

第一部分　护航体制机制建设情况

一、学校加强顶层谋划和战略部署

（一）学校党政高度重视

2023年，结合新形势下高校育人工作的总体形势和学生工作的实际要求，时任校长李亚栋院士主持召开学生工作专题会议，明确提出“一个都不能少，一个都不要掉队”，促进学生成人成才成功的育人理念和工作目标，并牵头制定实施了大学生护航行动计划。学校成立校、院两级学生工作委员会（以下简称“学工委”）。2024年，学校召开校党委常委会2次、校长办公会1次，专题研究护航计划事宜；印发《安徽师范大学大学生护航行动计划实施纲要（2023—2026）》（师发〔2024〕76号），将护航计划纳入年度党政工作要点，制定印发《2024年大学生护航行动计划工作要点》。2024年1月10日，时任校党委书记胡朝荣在校学工委会议上提出要持续深化教育教学、管理运行等一系列改革，全力保障护航计划推进实施。2024年9月20日，时任校党委书记张立驰在一体化心理育人体系研究项目推进会上指出，护航计划要围绕高质量人才培养和学生心理健康开展研究，突出问题意识，构建工作体系和科学研究体系。2024年12月17日，校党委书记蒋家平在专题调研时指出，护航计划是落实“以学生为中心，为学生办实事”办学理念的生动实践，要在探索中前进，在完善中提升。2024年11月8日，时任校党委副书记、常务副校长熊宇杰在校第六次学工委会议上指出，要推动护航计划从经验到科学的转变，着力提高学生在护航计划中的获得感和幸福感。全体校领导积极推动护航计划深入开展，指导相关部门、各学院各司其职，落实落细护航任务。

（二）校、院两级学工委运行有序

——校、院两级学工委构成。校、院两级学工委委员共计1148人，其中学生委员占50.35%，覆盖各年级各专业学生群体（含重点关注学生群体）。学校学工委由校领导、相关部门负责人、学院主要负责人、教工委员、学生委员组成。学院学工委由学院班子成员、专业负责人、学位点负责人、教学秘书、研究生秘书、团委书记、辅导员等组成；学生委员采取代表制，根据年级专业、困难群体类型，组织遴选建立学生代表库，每次学工委会议从代表库中抽取学生参会。

——校、院两级学工委运行。2024年召开校、院学工委会议141次，专题研究校学工委议事规则，校、院两级护航方案，护航计划年度工作要点，毕业生与新生护航研判，本科生学业预警学生帮扶，春季、秋季护航学情调研情况，毕业生学业预警帮扶情况，学生入学关爱帮扶，大学生心理健康教育，护航基金支持项目等事项，征集护航计划好点子1743条。学工委办公室定期听取学工委委员的意见和建议，召开教工委员、学生委员、辅导员委员代表座谈会3次，形成问题台账77项并逐项落实。

（三）学校护航机制逐步完善

——优化运行节律。建立“周安排、月会议、季调度、年总结”的运行节律，明确护航重点任务清单313个，编写每周护航工作专报47期，制定一线护航工作规程方案9项，设计安徽师范大学大学生护航行动计划LOGO，举办重点学生护航案例分析研判会等18次、家长座谈会221场次，实地回访512个学生家庭。按照“一人一档”分类建立重点学生档案4901份，按照“一人一策”落实落细闭环帮扶措施。

——健全护航制度。学校制定“一总多分”的护航工作制度体系，校、院两级累计制定护航制度35项，其中学校在《安徽师范大学大学生护航行动计划》的基础上，制定《安徽师范大学大学生护航行动计划实施纲要（2023—2026）》及护航基金管理、朋辈互助、健康习惯养成教育、家校协同育人、资助育人、实践育人等专项制度共11项。各学院结合学院专业特色制定“一院一品”方案、学工护航“七规范”等制度23项。

——推动重心下移。学生工作重心下移至班集体、团支部、社团、教室、宿舍等基层组织和育人阵地。加强学生组织建设和学生骨干队伍培养，85%的活动下沉至最前沿的基层组织，强化了各类学生组织的基础作用。全年评选校十佳班集体10个、五四红旗团支部33个、四星及五星级社团30个、优秀宿舍1506间次，发挥示范引领作用。“一站式”学生社区综合育人体系建设已见成效，学校获评全省“一站式”学生社区综合管理模式建设A级高校。

（四）学院护航机制探索不断深入

各学院积极开展护航机制探索，在家校协同、校内联动、齐抓共管等方面形成了特色做法。马克思主义学院构建“五位一体”协同育人机制；历史学院建立涉生信息共享反馈机制；数学与统计学院建立护航包保责任制，初步形成了“一案、一册、一校、一室、一题”的家校协同育人支撑体系，建立“一护一品牌”护航特色孵化制度；外国语学院全面落实“护航计划十做到”，定期研判学情；物理与电子信息学院构建学生护航“七必须”，建立七项工作台账；化学与材料科学学院建立“学院领导—系主任—辅导员—班主任—学生骨干—学生”六方联动的管理模式；生命科学学院点面结合形成“辅导员+班委+寝室长”“辅导员+学习生活互助小组+楼长层长信息员”护航两条线；等等。

二、分类建档帮扶情况

（一）实施分类动态建档

学校制定学生分类建档工作方案，指导学院通过查阅档案、观察了解、交流谈心等方式，摸清学生实际情况与有关需求，动态建立健全各方面优秀骨干学生、特殊困难学生等台账，实行“一生一档”“一策一队”关爱帮扶措施，跟踪帮扶、办理销号，实现优秀骨干学生和特殊困难学生等分类建档全覆盖。根据工作实际不断完善档案内容，确保信息准确性和及时性，共建立重点关注学生档案4901份，其中本科生4253人、研究生648人。

（二）精准帮扶重点群体

对建档的重点关注学生实行“一人一策”关爱帮扶措施，全面跟踪和了解每位学生的家庭背景、经济状况、学习与生活情况等，及时了解每位学生的需求，主动提供相应的帮助和支持，给予他们必要的关怀与护航措施。结合学生思想调研情况开展辅导员日常谈心谈话等活动。在全年跟进帮扶的重点学生中，思想特别偏激45人，学习特别吃力153人，经济特别困难3561人，身体有特殊疾病110人，心理有特殊障碍684人，边疆籍学生141人，因身心原因校外住宿学生256人。

三、育人合力提升情况

（一）学校加强统筹推动

完善校领导全员指导护航、学院领导包保护航、教管服学协同护航、家校联动护航、社会关心护航的多维帮扶体系。制度化开展“校领导与学生面对面”活动，举办重点学生护航案例分析研判会18次。将护航成效作为单位事业发展考核的重要内容，修订了教师职称评审文件，将大学生护航业绩纳入评审条件；修订了辅导员行政晋升和职称评审文件，实行单列指标、单设标准、单独评审制度，强化育人导向。出台了《关于发挥党员在推进“三大行动计划”中作用的实施意见》，充分发挥党员的先锋模范作用。开展家长座谈会和重点学生家访，邀请家长参加毕业典礼，全校举办家长座谈会221场次，实地回访512个学生家庭。募集大学生护航基金300万元，校、院两级累计发放社会奖助学金273.6万元。

（二）学院加强实践探索

各学院积极汇聚育人合力，学院领导班子和教师常态化走进学生、联系学生班级，帮扶困难学生，将育人工作纳入教师工作评价体系。聘任专家担任学生社区导师，常态化走进学生。法学院领导班子深入学生党支部，给全体新生等讲党课，召开共话成长主题班会。经济管理学院建立院领导联系专业、联系支部制度，定期邀请学生家长来院面谈，领导班子、专业教师、导师进宿舍43人次；音乐学院构建班子成员、党委委员，系主任、专业教师，辅导员、班主任三级联动管理模式，实现重点学生护航帮扶责任到人；美术学院组织不定期听课、走访宿舍，建立家长群，加强育人基地共建工作；历史学院建立学院领导联系年级、班级制度，为本科生低年级配备班主任、高年级配备导师；外国语学院实行“学生导生制”，定期向家长通报学生在校表现，听取家长意见；数学与统计学院围绕建立家校协同育人支撑体系开办“零壹家长学校”；计算机与信息学院参与各类实践基地建设与互动的院领导、专业负责人、骨干教师共计178人次；生命科学学院开展“结对子”“研究生党员协助本科生微课试讲”等朋辈教育活动；等等。

四、涉生问题事项清单办理情况

开展春秋两季学生护航学情滚动调研，围绕思想、学习、生活、情感、身心等五个护航重点内容开展专题调研。宿舍、班级、学院、学校四级联动，采取宿舍走访、谈心谈话、座谈交流、问卷调查等多种形式访谈73703人次（含学生会思想情况调研），形成调研报告12份，形成学生困难需求台账（提案）486项，并逐项办结。畅通学子心声诉求平台，全年收集到3686条学生咨询和诉求，截至2024年底，已办理3675条，11条正在办理中，办结率为99.7%。召开第十七次学代会暨第六次研代会，整理答复提案103份。

第二部分　护航计划分类实施情况

根据护航计划总体部署，学校一体推进了大学生思想护航、学习护航、生活护航、情感护航和身心护航。

一、思想护航

（一）调研发现的主要问题

1. 总体上爱党爱国情怀淳朴深厚，但少数学生存在思想认同懵懂化倾向。广大同学了解国家发展态势，爱国情怀深厚，了解当前国家经济社会发展总体情况；深信国家前景光明，观察视野广阔，相信“中国经济光明论”等；怀有强烈入党意愿，入党动机较纯粹；热爱中国传统文化。少数学生的思想认同懵懂化在具体认知与实践层面呈现出相应特征。

2. 总体上价值观念积极健康，但少数学生存在价值选择实用化倾向。广大同学积极践行社会主义核心价值观，在思政课之外关注时事政治，通过校园活动、暑期实践等方式了解国家形势政策等；奋斗精神成主流共识，认同奋斗仍是生活的主旋律；对能吃苦品质认同较高，认同能吃苦是新时代大学生需要的重要品质。少数学生存在价值取向偏移倾向，在政治观上追求以“自我”为中心，强调个人利益为主，缺乏相应的社会责任感；在择业观上讲求“高薪自由”，片面追求物质报酬和社会地位较高的职业；在消费观上则崇尚“求新求异”，更加追求物质利益所带来的“精神享受”；在学习观上，盲目跟风考研、考公、考证，表现出学习动机功利化、学习目标短视化、学习方式实用化倾向。

3. 参与表现意识更加积极，但少数学生存在诉求表达情绪化倾向。大部分学生喜欢通过QQ、微信、微博等平台关注信息、发表评论，其中少数学生媒介素养不高，责任意识淡薄，自我约束能力欠缺；极少数学生存在“匿名制服”心理，不通过正常渠道反映问题，甚至出现虚假造谣等负面现象。

（二）思想护航主要举措

1. 建强思政课程

大力推进思政课程和课程思政建设，推深做实“1+5+N”党的创新理论课程体系，深入开展学习贯彻习近平总书记“3·18”重要讲话精神五周年系列活动，组织召开深入推进学校思想政治理论课建设座谈会，扎实开展习近平新时代中国特色社会主义思想大学习领航计划系列主题活动。校领导围绕学习贯彻党的二十届三中全会精神和全国教育大会精神等相关主题给师生讲授思政课累计18场次。举办第三届“大学生讲思政课”展示活动和第三届“手绘祖国，红心向党”课程思政优秀作品汇展，持续打造“丙辉漫谈”“行走的思政课”等思政工作品牌。组织597支团队11072名学生以“青春为中国式现代化挺膺担当”为主题，奔赴基层一线深入开展“行走的思政课”大学生暑期“三下乡”社会实践活动。组建师生理论宣讲团，立足校内外广泛开展“举旗帜·送理论”宣讲活动，累计开展宣讲200余场次，受众1.1万余人次。

2. 开展主题教育

学校以党支部、团支部、班集体为阵地组织开展党的创新理论学习教育、理想信念教育、新生入学教育、毕业生文明离校教育、庆祝新中国成立75周年、“六个文明”教育实践等主题教育活动。全校党支部团支部通过多种形式开展主题教育活动，辅导员常态化召开主题班会。

（1）理想信念教育。

引导学生树立正确的世界观、人生观和价值观，坚定对马克思主义的信仰，对社会主义和共产主义的信念，以及对实现中华民族伟大复兴的信心。

——中国特色社会主义共同理想教育。组织学生线上线下学习党的二十届三中全会精神专题辅导报告，各学院、各班级召开主题班会150余场，传达学习习近平总书记考察安徽重要讲话精神，引导学生在传承中华优秀传统文化中弘扬社会主义核心价值观。

——世界观、人生观、价值观教育。邀请英模榜样人物走进校园，举办先进事迹报告会，榜样们用亲身经历诠释责任、担当、奉献等价值观的内涵，为学生树立起看得见、摸得着的标杆。举办“放飞理想　启航未来”2024级新生主题征文和演讲比赛，共收集征文130篇，22名同学参加校级演讲比赛。

——爱国主义教育。开展“青春逐梦庆华诞，我与祖国共前行”庆祝新中国成立75周年主题系列活动。举办礼赞新时代、师生音乐会礼赞中国、合唱团展演祝福祖国等系列活动，各班级以“青春告白祖国”为主题召开主题班会，开展“我眼中的祖国”影像征集等团日活动。组织“庆祝新中国成立75周年”音乐快闪，拍摄《今天是你的生日，我的中国》等系列宣传短片，孵化创作“师大人的Young子”“青春系列”系列短视频255个，官微发布推文504篇，累计浏览170万次。

（2）爱校荣校教育。

——厚植爱校情怀。组织新生参观校史馆，让学生深入了解学校发展历程中的重大事件、关键转折点以及先辈们艰苦创业的故事，深切感受学校厚重的历史底蕴，激发他们爱校荣校的使命感和责任感。

——激发爱校行动。创新校庆祝福途径，对接三大运营商上线“芜湖城市地标为母校生日点亮！”校庆彩铃，彰显学校风采，营造校庆氛围，增进校友及在校师生爱校荣校情谊。爱校荣校氛围感染着校友群体，越来越多的校友主动与学校保持密切联系，通过捐赠资金、设立奖学金、回校讲学、提供实习就业岗位等方式回馈母校。

（3）“六个文明”教育实践活动。

为营造安全有序、文明健康的校园育人氛围，学校印发《深化大学生“六个文明”教育实践专项活动方案》，召开深化大学生“六个文明”教育实践专项活动暨校园非机动车管理工作推进会，各年级辅导员全覆盖召开深化大学生“六个文明”教育实践主题班会。常态化开展“六个文明”专项检查，评选赭麓印记最美黑板报教室332间、最美课堂笔记3403本；每周开展校级宿舍卫生文明检查通报，全年抽查22783间次，评选优秀宿舍1506间次，督查整改206间次；通过宣传海报、宣传视频、互动问答、发放宣传手册、主题讲座、情景剧等多种形式开展校园网络安全宣传周活动。

（4）典型引路教育实践活动。

——典型培养选树。依托十佳班集体、十佳大学生、自强之星等评选活动培养选树先进集体与个人，通过“青春导航”事迹报告会等形式，发挥先进集体与个人的示范引领作用，规范开展31926名本科生“五育并举”综测评优，组织654个班级创建优秀班集体，开展班级护航风采展评，评定校优秀毕业生、三好学生标兵等8592人，推荐省优秀毕业生191人；评选表彰校级十佳班集体10个、十佳大学生（标兵）20人、自强之星11人、十佳（优秀）青年志愿者70人。组织举办第二届研究生“学术之星”评选活动，进行“优秀博士生、硕士生毕业论文”展评，推送20余篇省级、校级硕、博士毕业论文。

——典型引领示范。围绕身边典型榜样示范，开展“青春导航”宣讲8场，受众1.8万人次。每季度开展“国家奖学金获得者专访”“学术之星”专访，充分发挥学术先进典型的价值引领作用。组织开展60余场“大先生”研学讲堂，邀请近百名校内外专家学者与研究生“面对面”交流真问题，6000余名研究生参与。组织开展“博士学术沙龙”、研究生教学技能大赛等多项学术实践活动，每周进行学术预热、学术讲座回顾，累计推送400条学术讲座信息。邀请中国科学院院士席振峰、白春礼、汤涛，英雄航天员王亚平，央视知名记者庄晓莹校友等来校分享交流。

3.开展专题教育

（1）法治宣传教育和国家安全教育。

——开展总体国家安全观教育。组织开展“全民国家安全教育日”

系列宣传教育、作品征集、知识竞答等活动。组织广大师生观看“千万高校学生同上一堂国家安全教育课”主题公开课。线上开设总体国家安全观教育专栏，发布国家安全、反恐防暴等共8个系列的知识，线下组织开展“青春无邪，携手共建美好校园”反邪教警示宣传教育“进校园”主题活动，努力让关心国家安全、维护国家安全成为师生的思想共识和行动自觉。

——开展法治宣传教育。印发《关于开展2024年全校学生“学宪法讲宪法”活动的通知》，开展宪法卫士、学讲宪法演讲比赛和知识竞赛、微视频展演等活动，3名学生分别获安徽省第九届学生“学宪法 讲宪法”活动演讲比赛二等奖、三等奖和优秀奖，全校1.6万余名学生参与国家宪法日“宪法晨读”活动。组织“e法e同行·护航新征程”2024年互联网法律法规知识网络竞赛，开展普法宣传宣讲。深入班级、寝室、校地合作共建单位开展普法宣讲活动，开展“江淮普法行”暑期社会实践活动，用“青言青语”讲好习近平法治思想。

（2）媒介素养教育。

——加强辅导员和学生媒介素养教育。学校面向辅导员等开展“新媒体时代突发舆情事件处置与引导”辅导报告。通过线上、线下专题讲座，向学生普及“如何用好‘网络’这把双刃剑”。辅导员通过150余场主题班会加强学生网络文明和媒介素养教育，引导学生规范网络行为。加强对各类学生所涉新媒体平台的监管。

——开展网络文化主题活动。组织开展红色经典影片配音、古典诗词朗诵等网络文化活动，荣获“皖音传经典，红韵谱新篇”红色经典影片配音作品省级二等奖1项、三等奖2项，“翰墨庆华诞”高校校园汉字书写大赛省级一等奖3项、二等奖2项、三等奖5项，“诗词贺华诞”高校古典诗词朗诵比赛省级二等奖1项。

（3）入学适应教育。

——设立入学教育课程与“云课堂”。将新生入学教育前置，线上线下结合开设党的二十届三中全会精神专题辅导、名师谈大学、教学管理、文明修身、身心健康、素质拓展、青春导航及防范电信诈骗等校级专题讲座13场次，做到主题全覆盖和对象全覆盖。集中开展校规校纪学习与考核，评选校规校纪教育先进集体10个，先进个人26人。

——举办专业思想教育。通过召开本科生师生见面暨培养方案解读会等向同学们介绍各学院历史、师资队伍、学科建设和招生情况，鼓励新生以积极的心态和昂扬的斗志去规划和展望自己的大学生活。累计为新生配备导师634人、导生415人、班主任63人，召开专业思想教育活动287次。

4.设立“思政委员”

全覆盖设立思政委员，开展思政委员专题培训，举办思政委员论坛，带领2024级全体思政委员开展“行走的思政课”，赴合肥渡江战役纪念馆、安徽创新馆开展实践教学活动。

5.思政品牌活动

（1）行走的思政课。

学校坚持思政小课堂与社会大课堂相统一，统筹联动各方资源，完善“日常+暑期+寒假”三位一体实践育人工作体系，制定实施《安徽师范大学“行走的思政课”建设实施方案》，印发《“行走的思政课”实践育人工作先进集体评选办法》《研究生支教团志愿者管理办法》等文件，持续拓展实践育人的时间和场域。与宣城市、芜湖市等共建“百村千人进万家”实践育人基地。597支团队（全国全省重点团队73支）11072名学生参与暑期社会实践，近万名学生参加寒假社会实践。选派103名西部计划（乡村振兴）志愿者赴西部省区及我省基层开展志愿服务（数量全省第一），首次从在读研究生中招募3名研支团志愿者。派专人赴新疆、西藏、四川看望西部计划志愿者。组织开展第3期“青耘计划”大学生服务基层实践活动，遴选86名学生到芜湖市有关县区机关街道挂职锻炼4个月。学校在总结实践经验基础上组织申报的《新时代高校“行走的思政课”教学模式创新与保障机制研究》获得国家社科基金重点项目立项。

（2）丙辉漫谈。

丙辉漫谈是党的二十大代表、全国模范教师路丙辉教授自1992年起开设的师生思想交流平台，经过30余年的实践探索，形成了“现场版”“网络版”“实践版”三种模式，其中“现场版”与学生面对面开展报告累计392场，纾解学生问题1万余条，受众30余万人次；“网络版”与学生键对键，与学生交流笔谈文字累计50余万字，受众3000多万人次；“实践版”与学生肩并肩，与学生同吃同住同实践同交流累计200余天，足迹遍布10余个省区市，行程5000余公里，受众600余人次。2024年，结合党的二十大和党的二十届三中全会精神，围绕理想信念、人生规划、社会责任等主题，开展“现场版”丙辉漫谈10余场。

（3）国旗下的思政课。

面向本科生全覆盖开展“国旗下的思政课”36场次，组织学生参加大学生国防知识竞赛，3人分获省级一、二等奖，有效提高国防教育工作的实效性和针对性，培养学生的国家意识和家国情怀，营造了人人关心国防、支持国防、建设国防的良好氛围。70名毕业生顺利应征入伍，毕业生应征入伍人数创学校历史新高。

（4）青春思政课。

结合新时代青年大学生的特点，学校设计打造集思想性、艺术性、竞技性、实践性于一体的创新型思政教育模式。举办纪念“五四运动”105周年青春诗会暨主题团日活动。举办“我和我的祖国”青春思政课暨第十六届“青春新秀”新生才艺大赛，以合唱、朗诵、舞蹈、小品、器乐合奏等多种类别展演，以形式多样的才艺展示献礼祖国、讴歌时代，将艺术表演同思政课堂紧密结合，展现了2024级新生崇德向善、奋发向上的精神风貌。

（5）“向阳花”志愿服务。

组织820余名志愿者参与芜湖市低空经济大会等大型赛会，396名学生无偿献血9.63万毫升。组织2000余名志愿者连续2个月开展校园交通疏导志愿服务，做好学校开学典礼、毕业典礼、“校长杯”乒乓球赛、

"行知杯"金牌师范生素养展评等大型典礼及赛事的志愿服务工作。举办共青团12355流动服务台巡航护"心"活动，开展驾培反诈、皮肤病义诊、"赭麓研宴"考研送餐、校园直通车活动、"赭麓乐淘·星光集市"闲置物品交易等暖心志愿服务活动16场，用心用情服务学生学习与生活。

5.学院思想护航特色做法

各学院积极开展思想护航探索，在理论宣讲、课程思政等方面形成了特色做法。文学院开展纪念"五四运动"105周年青春诗会暨主题团日活动；经济管理学院构建马克思主义政治经济学系列课程群；音乐学院突出艺术思政，开展《红梅赞》《剧献新时代》等演出；美术学院打造"红色青春守护人"工作室，全年完成烈士画像50幅，志愿服务队荣获安徽省2024年度最佳志愿服务组织；历史学院打造日常志愿服务和暑期社会实践"行走的思政课堂1+3+3"实践育人新模式；教育科学学院搭建师生交流之桥，开展6期"教授友约"；外国语学院定期研判学生思想动向；体育学院开展院徽、院训设计征集及专题教育；新闻与传播学院组织学生100%参与"新传铁军行"实践活动，实践作品被主流媒体刊发321件，浏览量达800余万次；数学与统计学院开展院领导接待日5期，打造"雷锋驿站"学生党建品牌项目；计算机与信息学院深化"项目e站""彩虹e教""夕阳e路""万家e诊"四大实践品牌内涵建设；物理与电子信息学院打造"理响·江淮"微宣讲，走进企业一线、社区现场等开展理论宣讲100余次，辐射群众5000余人；化学与材料科学学院深化"党委与支部、班级""系部与学生""大家与师生"互动的思政领航模式，邀请席振峰院士、吴奇院士等讲授前沿科学，不断坚定学生投身教育强国和科技创新的理想信念；地理与旅游学院开展"手绘祖国　红心向党"手绘地图课程思政、党员先锋护航等特色品牌活动100余场次，3000余人次参与；生命科学学院构建思政课程育人体系，学院领导共计10人次为本科生讲党课；生态与环境学院将主题教育与学院特色品牌活动"最青春"寝室文化节有机结合起来，用学生们喜爱的方式，开展爱党爱国、爱校爱院等主题教育；等等。

（三）思想护航成效

1.思政课程改革扎实推进

全国思政课教师名师工作室和“手拉手”集体备课中心顺利通过年检，2名师生分别荣获第二届高校优秀思政课教师和马克思主义理论学科学生奖励基金，8个项目获批2024年国家社会科学基金项目（立项数创历年新高），1项成果获教育部高等学校科学研究优秀成果奖，在第六届全国高校大学生讲思政课公开课展示活动中获二等奖1项、三等奖2项、优秀奖1项，在安徽省高校思想政治理论课教学展示活动中获一等奖1项、二等奖1项、三等奖2项，获批安徽省“三全育人”项目16项、省质量工程项目9项等。学校思政课程改革的举措与成效被《光明日报》《中国教育报》《中国青年报》和学习强国平台等多家主流媒体刊载，创新做法受到省领导肯定批示“值得印发全省各高校学习借鉴”。

2.学生价值取向更趋积极健康

具体表现为深厚的家国情怀与坚定的文化自信相互交织，形成鲜明的青春底色。广大同学爱国情怀淳朴深厚，96.28%的学生了解当前国家经济社会发展情况，95.82%的学生深信国家经济前景光明，91.11%的学生有明确意愿加入中国共产党、入党动机纯粹，彰显出将个人成长融入民族复兴的自觉追求；98.72%的学生对传承发展中华优秀传统文化持有强烈的主动性与使命感，呈现出从“认知认同”到“情感共鸣”再到“实践传承”的递进态势。

3.学生诉求表达更加理性平和

全校各学院、各班级通过系统开展思想理论教育与网络媒介素养培育，持续净化网络生态、涵养文明表达氛围，学生的网络媒介素养得到明显增强、诉求表达情绪化的情况明显较少。广大同学主动选择多元且规范的渠道传递诉求，“学子心声”平台、“对话 · 成长”学生座谈会、新生午餐会等成为表达关切的重要窗口，从课程设置的优化建议到校园生活的细节反馈，诉求内容具体清晰、条理分明；面对学习择业的迷茫、成长过程的心理困惑、人际交往的细微摩擦等问题时，超过九成的学生倾向于主动向辅导员、导师或专业心理咨询师倾诉，在坦诚沟通中寻求专业指导，而非陷入自我封闭或盲目抱怨。这种“有问题找渠道、有困惑寻帮助”的理性选择，既体现了对学校的信任，更彰显了解决问题时的务实态度与成熟思维。

4.典型培养选树成效明显

全年3220人次在省级以上学科竞赛中获奖，3人获评全国“大学生自强之星”，1人获评省“十佳大学生”，5人获评省“百优大学生”，2人获评“青春安徽宣传大使”（人数全省第一），1人当选第七届全国心理委员论坛副主席，2人入选安徽省“资助圆梦　皖美未来”优秀典型案例，1名团干获全省第六届优秀“微团课”评选活动特等奖，1人参加全国“青马工程”首期文化与新闻传播专项培训（全国5名学生）。

5.思政教育活动影响广泛

“丙辉漫谈”案例被中宣部主管的《思想政治工作研究》杂志和官微刊载推介。依托实践育人工作孵化的科研项目《新时代高校“行走的思政课”教学模式创新与保障机制研究》成功申报国家社科基金高校思想政治理论课研究专项重点项目（全国28项）。获第七届中国青年志愿服务项目大赛主体赛银奖1项、公益创业赛铜奖1项（成绩居全省高校第三）。新雷锋青年志愿者协会入选中国青年志愿者协会会员单位，1人获全省“实践归来话成长”大学生主题演讲比赛本科组特等奖（全省唯一）等。2名思政委员获省高校思政委员征文特等奖，思政委员成为思想护航小助手。思想政治教育工作先后被《人民日报》、新华社、《中国青年报》等多家中央和省级主流媒体报道500余次。学校连续11年高质量完成征兵任务，再次在全省征兵绩效考评中获“优秀”等次。

二、学习护航

（一）调研发现的主要问题

1. 发展取向总体向上，但少数学生存在个人奋斗脱节化倾向。总体上持积极的奋斗意愿，对“躺平主义”持明显的摒弃态度，相信“努力有用”，表达出积极的奋斗取向。但有极少部分大学生对努力和奋斗无感，在学业上表露出“佛系”“躺平”“摆烂”等不良心态。

2. 发展规划总体清晰，但少数学生就业观念存在偏差。总体看，受调查学生就业价值观呈现出积极与乐观、理想与现实、稳定与灵活等取向并行的景观。也存在少数学生对未来就业预期感到悲观，存在慢就业、不就业等现象。

3. 重点群体毕业生人数多，就业难度大。2024年，梳理低保家庭、零就业家庭、残疾、孤儿等重点群体本科毕业生791人，其中2024届344人、2025届447人。“有就业意向的重点群体毕业生全部落实毕业去向”的政策落实起来比较困难。

（二）学习护航主要举措

1. 优化教学与考核机制

采取增加考试和课程供给、加大课程辅导和答疑力度等形式为学困生开展扎实有效的帮扶。

——跟踪课程补考。每学期针对必修课程考核不及格的学生，在寒暑假期间进行点对点的短信提醒，配合学院提示他们认真复习；开学初，组织学院为这部分学生开展课程补考，全年共有4000余人次通过课程补考获得必修课学分，进而为顺利毕业打下基础。

——优化重修选课。每学期开学前两周组织进行第三轮选课，重点开展课程重修选课，学生可以对未通过的课程进行再次选课。通过前期大量的通知宣传，督促学院梳理学困生培养方案完成情况，摸排学困生未通过课程，指导学生进行相关课程的选课和学习准备。全年共有3000余人次学生完成了重修选课，增加了课程学习机会。

——推进循环开课增加公共课供给。在现有教学运行模式下，首次制定了针对护航计划的跨学期平行开课方案，让学生可以跨学期选修部分公共课程，为学生增加课程学习与考试机会。增加选课轮次，梳理出不及格学生名单，点对点通知到所有学生。全年共开设23门公共课程，为423名学生增加选课机会。上半年通过循环开课，共有162人次学生通过考核获得相应的学分，学期课程通过率达到90%。

——开展专业帮扶增加专业课供给。克服大规模扩招带来师资紧张困难，增开必修课和院选课，为学生增加课程供给和学习机会，帮助学生完成学业。全年共有5个学院增开23门专业必修课程，帮助45名同学如期完成毕业规定学分修读。为落实征兵入伍工作任务，充分发挥上级政策红利，开展针对性课程教学，保障了2020级毕业班55名同学能顺利参军入伍。

2. 健全学业毕业预警机制

建立完善的监测和预警体系，将学业毕业预警细分为黄、橙、红三级，常态化、精细化识别学业风险，并提供个性化学业帮扶支持。2024年首次试点跨学期平行开设部分公共课程，为426人次学生单独提供选课机会。在保障教学质量的前提下，学生主修课程通过率持续提升，必修课补考同比减少473人次。

——实施三级预警。根据学生的学业完成情况，将学分预警进一步细化为黄色预警、橙色预警和红色预警三级。对于黄色预警学生，通过发送信息、交流谈话等方式提醒学生关注学业进度，制定合理的学业规划，加强学习；对于橙色预警学生，组织专人对学生进行一对一谈话，了解学业困难的原因，提供针对性的学业辅导；对于红色预警学生，进行心理疏导、学习方法指导、课程辅导等全方位帮扶，确保学生尽快走出学业困境。

——实施学业帮扶。完善预警干预措施，建立预警档案，对纳入红色预警范围的学生，建立详细的个人学习档案，记录学生的基本信息、预警情况、学习计划及干预效果等，以便持续跟踪和调整帮扶策略。除了课程辅导外，还开展了线上学习资源共享、优秀学子经验分享等活动，激发学生学习兴趣，提高学生学习效果。精确实施毕业预审核，在毕业前对学生进行学业筛查，对每位毕业生的培养方案完成情况进行详尽的统计和整理，对尚未达到毕业要求的学生进行预警，与各学院协作，推动实施一系列针对性措施，督促推动其尽快完成学业。

3. 加强班风学风建设

——强化学风考纪教育。健全辅导员深入课堂听课制度，全覆盖开展学风建设、考风考纪主题班会和诚信教育月活动，深化落实学生素质综合测评、“暖心护考”等工作。

——加强班集体建设。组织654个班级开展十佳班集体创建、班级护航风采展评，10个班级获评校十佳班集体，8个班级获校十佳班集体提名奖，118个班级获评院优秀班集体。

——严格学生日常管理。常态化落实学生管理“四项禁令”，坚持学生晚点名制度（2024年全覆盖累计890.87万人次）、每周宿舍卫生文明检查通报（2024年校级督查整改206间次）。

4. 开展朋辈互助

——制定朋辈教育工作方案，聘任导生415人，评选“优秀导生”147人，个别学院试点选聘优秀学生担任辅导员工作助理。

——普遍组建学习互助小组等朋辈教育共同体，协力开展学习生活互助。辅导员积极协助教师开展学习小组指导，指导学生做好新学期学业规划，积极开展文明宿舍创建工作，分类帮扶学习习惯、方法、能力有问题的学生，对学业不及格学生给予重点关心帮扶。

——常态化开展“赭麓乐学·基础学科导学学堂”学业辅导，开发“乐学帮帮团”小程序，累计线上线下答疑2400余条，帮扶学生2200余人次。

5. 开展就业指导

举办考公、考研、考编辅导班，对2024届、2025届毕业生开展专项培训2000多人次。举办“职场启航”系列求职面试辅导讲座31场，服务学生3000余人次。组织举办简历制作、模拟面试、无生试讲等活动。开设“启航青春　皖美就业”微信公众号专栏，常态化推送地方人才招引政策。针对新生组织开展“生涯嘉年华”体验活动，帮助新生及早理清职业生涯规划，做好就业准备。

6. 开展重点群体就业帮扶

建立重点群体就业帮扶工作台账，同步联动全省就业系统困难毕业生库，并将其列入辅导员《本科毕业生就业护航工作手册》，多措并举，精准施策，护航就业。对重点群体毕业去向落实情况在学校电子政务网络公告栏、就业工作推进会等进行专项公告，对未完成落实任务的学院进行调度、督促和约谈。根据重点群体毕业生的求职意向和需求，精准化推送就业岗位人均10个以上。组织指导2024届、2025届3105名经济困难毕业生成功申请求职困难补贴465.75万元，确保符合条件的人员求职补贴应发尽发。

7. 完善“第二课堂成绩单”制度

经过近3年试行，基本实现全面融入人才培养、全面对接五育并举、全面支撑学科竞赛、全面衔接综合测评等“四个全面”工作目标。规划立项2024—2025学年“第二课堂”课程372门，完成5961名2024届本科毕业生学分审核。举办最美课堂笔记展评活动，18个学院3403件作品参赛，遴选241件优秀作品展示。抓好项目培育转化，打造永不落幕的“挑战杯”，举办第7期“花津创客营”，邀请南京大学等高校专家来校做辅导报告4次，累计培育项目812项，参赛人数8289人，推荐5个创新创业项目参加“青苗杯”项目资本对接会。

8. 学院学业护航特色做法

各学院积极开展学业护航探索，在本科生导师和班主任配备、重点学生学习就业帮扶等方面形成了特色做法。文学院开展考研慰问指导会、教师招聘辅导会等，做好重点学生群体就业工作，31名就业困难毕业生全部落实去向；马克思主义学院邀请教学名师和知名院友开展5期“大学之路”系列讲座、23期“青春有约”朋辈教育讲座、30余次学风学纪主题班会，组织42期“勇往‘职’前”就业指导系列活动；法学院建立“学业成绩不合格学生台账”，督促学生完成课程重（补）修，2025届毕业生司法考试通过率为24.53%，同比增长9.15%，2024届本科毕业生初次毕业去向落实率较2023年提高15.6个百分点；经济管理学院开展高等数学专题辅导和课后辅导、集中辅导、学习材料制定等个性化护航，与5家高科技、新业态企业联合开展订单班，举办“招聘集市”近30场，为特殊群体学生开展简历制作和面试辅导、报销就业求职路费、点对点推荐岗位；音乐学院发挥主修课教师作用，增开部分课程教学班和部分单学期课程，针对不通过人数较多课程，安排老师进行学业辅导；美术学院组织专业教师针对性开展学业指导，帮扶5名因作弊受到处分的学生、往届生完成学业，实现重点群体百分百就业，参军入伍人数、升学率、毕业去向落实率均创近3年新高；历史学院为本科新生配备班主任，为高年级学生配备导师，多措并举增强师范生专业技能，对就业困难学生提供简历修改和面试辅导服务，开展考研复试与调剂指导，成立帮扶小组助力就业并设立科研助理岗进行兜底；教育科学学院对“教资”考试一次性通过和“大学英语四六级”高分学生进行奖励，以奖促学，建立教师、辅导员、家长、同学等“N带1”“N助N”学习方法与课程帮扶机制，开展体验式团体辅导等活动；外国语学院健全学业护航工作机制，形成“一合力”、绘就“一张表”、搭建“一平台”、打造“一闭环”，全员参与学业护航，形成学业预警、精准帮扶、跟踪反馈、效果评估的工作闭环；体育学院配备学业导师，与英国拉夫堡大学、英国班戈大学和韩国国民大学开展合作办学，组织覆盖全体学生的第2届学生专项技能系列赛事和第34届“三好杯”篮球赛学生精品赛事；新闻与传播学院压实教师育人职责，由各专业教师担任本科生学业导师，对学习困难学生进行“一对一”结对帮扶，制订个性化学习计划，定期进行学业辅导与答疑解惑，组织各专业教师包保所带学生完成就业；数学与统计学院开展"'数'苗计划"，抓专业自信树立、抓课堂教学质量、抓晚辅导效果、抓重点学生帮扶，打造朋辈学习互助共同体，遴选培优学生骨干组建"手拉手"朋辈学业辅导先锋队，成立学风自查自纠督导队；计算机与信息学院坚持一、二年级固定教室晚自习制度，实施课堂手机入袋，强化家校联动，开设考研辅导类课程1个，设立考研固定教室，积极打造校企互动平台，举办"未来说"论坛16期；物理与电子信息学院扎实推进"青蓝工程"，优化完善"班主任"制度，细化"三进三谈"职能，建立"班委—教师—教学秘书—辅导员—家长"五级联动学业预警护航机制，实行院领导班子、系主任和专业教师包保制；化学与材料科学学院完善"预防教育+学业预警+学业帮扶"机制，开展"Happy Hour""十大化材""成长导师制"等品牌活动，邀请院士、教授等与学生交流，组织教师走进学生宿舍开展学业调研，开展朋辈交流活动13场；地理与旅游学院实施前置化、精准化学业帮扶，建立"教、管、学"一体化协同教学管理机制，成立"护航小组"，开展学业帮扶促进活动132场次；生命科学学院实行导师制、导生制，辅导员和任课教师经常性沟通学业预警同学情况，各班级对学业预警生固定座位，同时安排班委"一对一"监督帮扶；生态与环境学院为2024级本科生全员配备本科生导师，开展"挑战杯"院选赛、安徽省生态环境创新创业大赛院选赛、安徽省生物标本制作大赛院选赛；等等。

（三）学业护航主要成效

1.奋斗导向激发动力

学生主动规划未来的意识增强，更多学生明确升学、就业目标，竞技热情与拼搏精神显著提升，实践创新活力增强。3.5万人次学生参与各级各类学科竞赛，2953人次获省级及以上奖项，其中全国性特等奖7项、一等奖76项，"田家炳杯"赛事创历史最好成绩；2248名学生参与国家级、省级创新创业训练计划项目，1项作品入围全国大学生创新创业训练计划年会展示，学生主动求职、参与招聘的热情提高，对学业和就业的消极态度减少。

2.学业成绩总体提升

在保证质量与公平前提下，必修课补考未通过3097人次，同比减少473人次，学生主修课程通过率持续提升，2024届毕业生的初次毕业率达到了99.20%，同比提升0.88个百分点；升学率达32.58%，同比提升5.23个百分点。学生评价改革做法“五育并举贯通四个课堂，推进学生评价改革与成长护航”入选“长三角教育现代化”典型案例。

3.就业观念正向转变

师范生职业发展路径更清晰，就业预期更稳定，因前景不明导致的观望心态减少；学生通过实习实践对职业定位的认知更具体，就业目标更明确，因盲目迷茫产生的悲观情绪降低。常态化校园招聘提供充足岗位选择，缓解了“就业难”焦虑，慢就业、不就业现象减少；留皖就业率达68.98%，学生就业选择更贴合区域发展需求，就业价值观更趋多元理性，主动就业意识增强，对未来就业的积极心态显著提升。

4.就业帮扶成效明显

毕业去向落实率稳步提升，2024届达93.61%，位于全省本科高校前列，实现有就业意愿的重点群体毕业生100%落实毕业去向。2016届自动化专业本科毕业生张阿奎荣获2023—2024年度全国高校毕业生基层就业卓越奖学（教）金。

5.学科竞赛频传佳绩

我校学生在各类学科竞赛中表现出色，先后在“挑战杯”中国大学生创业计划竞赛（银奖1项、铜奖3项）、中国国际大学生创新大赛（国赛铜奖4项、省赛金奖6项）、全国大学生艺术展演（一等奖1项、二等奖4项、三等奖1项）、全国大学生物理实验竞赛（一等奖3项、二等奖1项、三等奖2项）、“西门子杯”中国智能制造挑战赛（一等奖2项、二等奖1项）、“田家炳杯”全国师范院校师范生教学技能竞赛（一等奖7项、二等奖2项）、全国大学生智能汽车竞赛（一等奖1项、二等奖1

项）等重要赛事中取得优异成绩。

三、生活护航

（一）调研发现的主要问题

1. 学生对校园物质文化生活需求日益增长

学生总体上对校园物质文化生活、后勤服务比较满意，但受到办学经费、基础设施等办学条件限制，学校改善校园物质文化、后勤服务的力度难以满足学生日益增长的需求。

2. 存在校园安全隐患

学生总体上有较强的安全意识，遵守学校校规校纪，但有少数学生存在宿舍堆积杂物、违规用电、使用明火、使用违禁电器；擅自购买电瓶车、摩托车，在校园违规骑行、乱停乱放，导致交通事故时有发生；学生防骗意识较弱，校园电信诈骗案件较多等。

3. 家庭经济困难群体人数众多，资助压力大

全校目前现有家庭经济困难学生6787人（占全校总人数的20.22%），其中“特别困难”学生2882人、“困难”学生1736人、“一般困难”学生2169人；男生2247人，女生4540人。其中孤儿53人，国家反馈脱贫家庭学生1480人、低保家庭学生775人、残疾学生66人。（见图1）

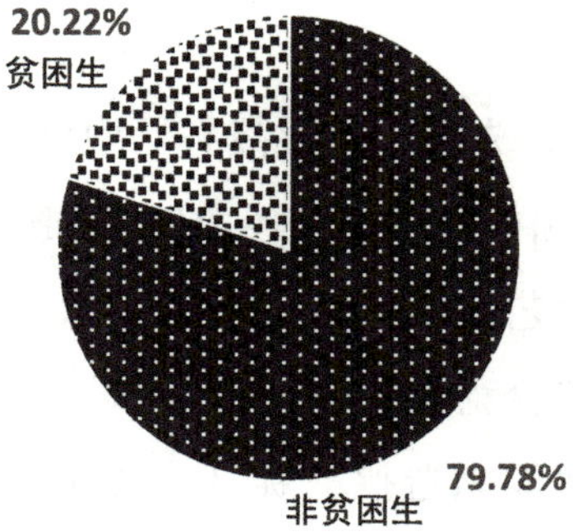

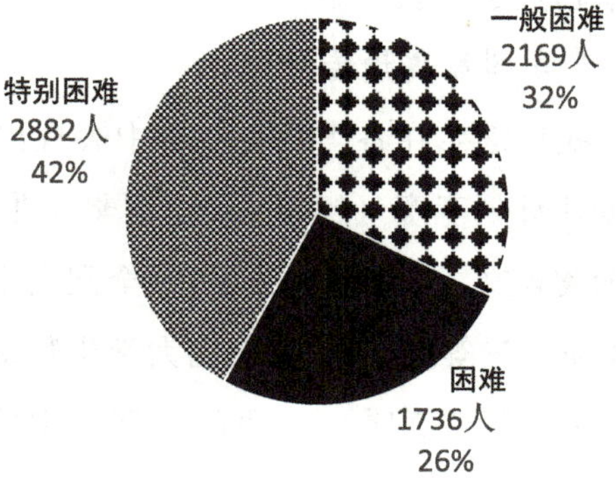

图1　家庭经济困难学生分类情况

（二）生活护航主要举措

加强“物质+文化”生活条件保障。进一步提升学校后勤服务质量和安全管理能力，更好地服务学生吃住行等基本物质生活需求，大力开展丰富多彩、广泛参与的校园文化活动，积极营造良好的校园文化环境。

1.优化后勤服务育人

学校完成8210名本科生实践课教学任务，让学生走进总务维修、在建工程、餐饮服务、绿化保洁等工作环节，组织举办“感知新质生产力，深入中央厨房解读食品安全”“走近奇瑞新能源汽车，感受新质生产力无穷魅力”“走进帮扶村感知新质生产力”等系列劳动实践活动；带领大学生深入科技企业，感受劳动新业态，了解新型劳动形态，明确成长为智慧型、创造型劳动者的目标，提升劳动实践课程的实效性。开展喜迎校庆花津鱼宴活动，连续三天组织人员捕捞花津鱼3000余公斤，“花津鱼”不仅成为文化符号，更寄托着每一位师大人的情怀，同时也增强了学生们的爱校荣校意识。充分发挥总务管理育人、服务育人的资源优势，打造有深度、有力度、更有温度的物业服务，和学生建立起感情和信任，关注学生的喜忧等情绪变化；开展高位截瘫特殊学生关心关爱活动，解决学生学习生活实际困难；每月持续开展“物业服务日”主题活动，免费为学生提供修理自行车、配钥匙、缝补熨烫衣物、开学运行李等暖心、温馨公益服务；连续做好天门山校区学生和花津校区部分学生宿舍搬迁优化调整工作；增装冬和园晾衣杆，完成学校电动汽车充电站设备安装及委托经营项目招标，完成1200个自助式电动自行车充电插座和32支新能源电动汽车充电枪安装，师生满意度不断提升。

2.实施发展性资助育人

学校坚持“应助尽助、资助育人”工作理念，依托大数据智慧资助平台，深化“大数据画像，‘菜单式’帮扶”资助育人新模式。

——实施“画像认定”。优化贫困生认定、资助需求和育人效果评估3个量化指标体系，对贫困生进行全方位大数据画像认定并经实地回访验证，精准度达99.3%。全年共认定贫困生6787人，占比20.22%。

——实施“画像资助”。学校构建以国家、学校、社会、学生互助为主体的资助项目体系，通过资助需求画像计算出贫困生个人资助资金需求，实施消费预警和资助预警，及时开展精准隐形资助、应急资助、“一缕阳光”微资助、“四暖相伴”资助等。2024年累计发放本科生资助资金5485.5万元，受助学生获奖59290人次，实现贫困生全覆盖，其中，推荐国家奖学金88人、国家励志奖学金1009人、国家助学金6622人；校内奖助11199人次；社会类奖助学金资助1070人次。全年做到评审规范，报送和发放及时，实现零差错。同时帮助7994名贫困生办理生源地助学贷款，总金额8781.1万元，同比增长17.3个百分点。发放研究生奖助学金1.1亿元，面向789名家庭经济困难研究生发放毕业生暖途补助、暖冬补助，为受自然灾害、突发性事件影响学生发放临时困难补助83.16万元。精准隐形资助受到新华网、安徽省教育厅官网、安青网等关注和报道。（见图2）

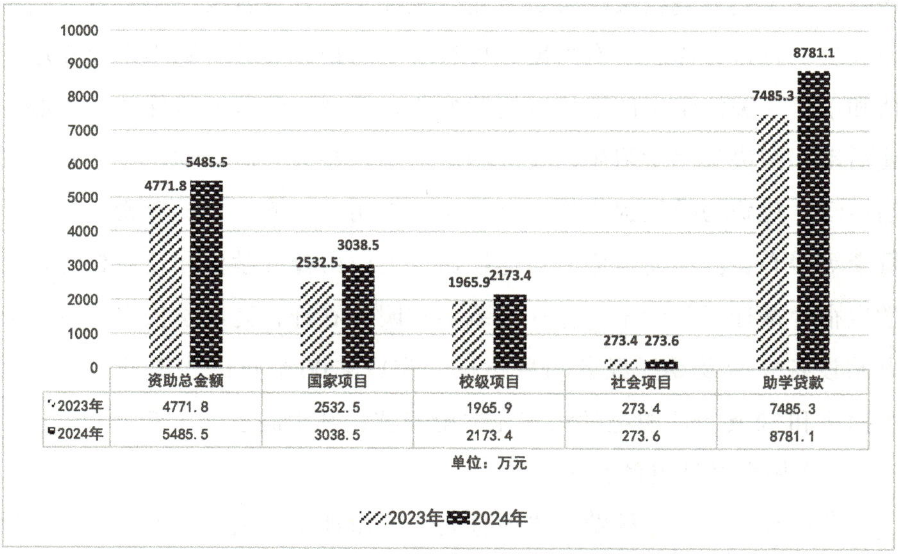

图2　2023年、2024年本科生资助情况对比

——实施“画像育人”。全年举办“苔花”励志培训班，举办“苔花”周末剧场12场，受益贫困生1630人。指导“双扶”项目结项242项、新立项241项。评选产生校第十五届“自强之星”及其提名奖共21人，选树出“中国大学生自强之星”乔博宇、骆鹏晟等一批贫困励志学子典型，两人入选安徽省“资助圆梦 皖美未来”优秀典型案例。受助学生组建暑期小学期实践团队9支。

——实施“画像评估”。通过成长状况画像，对比受资助学生前后思想、身心、学业、实践能力等情况的变化，对其在校期间的成长情况和毕业后的就业状况等进行长期追踪，做到育人效果精准评估。

3.推进“一站式”学生社区综合管理模式建设

持续推动空间场域资源整合，建立校区驿站、学生公寓片区分站、学院楼分站等，使用面积达12000余平方米，面向学生提供线上预约服务。强化线上线下融合赋能，实现8个部门12个系统数据互联互通、一网通办，深度挖掘和记录学生社区行为表现。实施苑舍制网格化管理，实施“苑舍—楼栋—楼层—宿舍”四级网格化管理体系，落实育人团队进宿舍、进教室、进现场、进网络、进家庭“五进”工作机制。深化社区精品思政，组织“丙辉漫谈”“为烈士画像”等思想政治教育品牌活动进社区，举办社区活动220余场次。创建“一院一品”社区育人项目、“一苑一品”社区育人驿站、冬和园示范社区等，共立项推进48项，投入资金113.5万元。不断推进研究生数智服务，实现研究生管理服务“线上办、马上办”，形成包含校外住宿、日常请销假、评奖评优、资助信息等多项业务的集成平台，大幅提升了研究生管理服务效能。

4.加强校园安全管理

——开展校园安全隐患排查整治。召开学校安全生产委员会暨安全专项工作推进会，传达学习省厅文件精神，研判学校安全形势，研究布置校园安全隐患排查整治工作，加大排查深度，提高整治力度，建立健全各项安全生产制度，制定2024—2026年安全生产治本攻坚三年行动实施方案，夯实安全生产工作基础，进一步明确职责，细化任务，不断提升学校安全管理水平。

——开展消防安全教育。制定并发布《关于开展春季校园消防安全宣传教育活动的通知》，积极开展“四个一”活动，认真组织师生学习一次消防安全知识、召开一次消防安全主题班会、排查一次消防安全隐患和开展一次消防安全演练，及时发布消防安全预警6次，组织消防安全疏散逃生演习4次，消防灭火演练和体验32场次，进一步落实消防安全主体责任，切实提高广大师生和员工的消防安全意识和自防自救能力。

——开展防范电信网络诈骗教育。获批全省第二批“反电诈宣传教育基地”，进一步推动反电诈工作走深走实。深化警校联动，开展反诈宣传合作教育，建立“警校反诈共建基地”。利用基地开展防范电信网络诈骗教育，及时发布防范电信网络诈骗安全预警，开设网络安全知识小课堂，发布防范电信网络诈骗知识5个系列，邀请属地公安开展专题讲座，持续推进安装国家反诈App，利用学生社团开展专题宣传教育工作。

——加强校园安全风险管控。学校应急指挥中心和各科室实行24小时“双重值班制度”，不断加大校园重点区域监控力度和校园巡查力度，实行固定值守与流动巡查相结合制度。提升校园技防水平，不断加强智慧校园安防系统建设，门禁系统建成运行，完善门禁系统人脸库建设，做好校园监控系统维保工作。

——强化警校协同联动。持续做好与芜湖市国安、公安、应急等部门的联动，共同打击各类违法犯罪行为，及时处置各类突发事件，切实保障国家安全和学校政治稳定。牵头组织芜湖市高校季度校园安全形势研判会，共同商讨交流校园安全工作。协助芜湖市国家安全局组织召开驻芜高校防范保卫和学生安全工作会议，部署加强高校国家安全和意识形态工作的举措。联合做好各类大型活动安全保障工作，确保各项工作安全有序进行。

5. 开展校园文化创建

——积极营造浓厚的校园文化氛围。结合开学典礼、毕业典礼、校庆日、本科教育教学审核评估等重要活动与节日节点，充分利用LOGO图案立牌、路灯杆、橱窗展板、黑板报及电子显示屏等多种宣传载体，精心构建积极向上的育人环境。在文典楼、行知楼1号楼等校园公共区域和校园网首页设置“奋进之窗”线上线下宣传专栏，选树宣传两批共72个师生优秀典型。同时，大力推动二级单位的文化创新活动，实现护航计划内容在校园及18个学院宣传全覆盖。以“迎新季”为契机，选树230余名优秀师生的典型事迹在校园主干道的路灯杆上进行展示，有效发挥了先进典型的示范引领作用，塑造了优良学风校风。精心设计新版大学录取通知书，更新设计学校形象识别系统Ⅵ手册，深受师生好评。

——加强校园文化景观设计制作。组织策划了“廊前漫步　四时同行——二十四节气主题板设计活动”，将节气知识与学生专业学识和实践技能相结合，设计制作了“夏沁”“秋实”“冬和”等三大主题共计36块展板，展现人文师大建设新作为、新气象。持续推进校园人文景观建设，完善学校基础建设总规划，做好三个校区自然景观和人文景观的整体规划和分期建设。按照花津校区文化景观“一河、两轴、三心、四道、五路、N点”总体布局，制定实施花津校区四纵五横文化景观建设规划方案。对冬和园景观区进行文化创意设计，努力打造以“徽州文脉”“文苑英华”“魅力非遗”“创梦空间”为主题的四大休闲娱乐互动场所，努力营造高品质的居住与休闲环境。增强校内标牌和固定放置物的艺术设计，积极推动文典楼、花津大礼堂、教学楼、冬和园等楼宇文化建设工作，着力提升校园环境和公共空间的文化意蕴。与芜湖市文化和旅游局共同召开皖江中学堂暨省立五中旧址的建设开发利用工作布置会议，邀请专家学者进行现场调研，征集关于建设的可行性意见和建议，促进文物建筑的后续开发与利用。

——精心打造书香校园。积极动员、组织选送征文及读书报告201

篇；遴选出“强国有我　筑梦未来”高校短视频大赛作品13个，书香班级6个，“校园阅读推广人”5人，“优秀校园阅读推广案例”5个，“学生读书标兵”18人；制作“书香校园”“先进单位”申报材料各1项。申报作品总数创历史新高。组织开展2024年世界读书日暨全国知识产权宣传教育活动，学校书香氛围日益浓厚。

6.学院生活护航特色做法

各学院积极开展生活护航探索，在家校协同、校内联动等方面形成了特色做法。文学院召开网络文明素养教育、防范电信网络诈骗、校园交通安全等主题班会50余场，以“一站式”学生社区“六有空间”为主题，建成冬和园58栋5楼学生社区空间，组织文明宿舍表彰；马克思主义学院开展就餐礼仪、理性消费教育9次，网络媒介素养教育7次，人际交往技能提升教育13次，宿舍文明检查督导34次、评比8次，网格化推进宿舍文明建设；法学院评选院本助学金27人共计6万元，开展勤工助学、生活补贴、求职补贴等分类资助；经济管理学院建成3个学生活动驿站，联动芜湖市公安局、芜湖市委宣传部在社区建设“防电诈教育基地”“芜湖市学雷锋活动示范点”，新增两项学院奖助学金共计46万元；音乐学院依托民乐团、交响乐团等开展高雅艺术进校园活动，拓展社会资助20万元用于学院人才培养；美术学院开展安全常识教育50余次，建立“大额转账报备制度”，要求学生对超过1000元的转账进行报备；历史学院安排辅导员护送西藏籍生病学生到成都治疗，对接二院成功抢救脑出血危重学生，设置凤凰书架、“青简小筑”图书角、星空自习室等场地供学生学习；教育科学学院开展“星级宿舍”评选、“党员寝室”挂牌等活动，健全学生社团、班级、宿舍、教室等创优评优制度；外国语学院制定护航“十做到”，学院定期深入学生宿舍、走访校外住宿学生累计20余次，协调相关部门迅速解决学生关切的事情；体育学院陶绍新、席迪助学金为贫困生资助15.5万元，贫困生在获奖、升学、就业等指标上的比例高于全院平均数10个百分点；新闻与传播学院重点打造冬和园58栋“健康怡苑”生命教育基地，推出“悦读”“悦动”“悦谈”“悦活”等系列“悦”空间；数学与统计学院开展“三创三促”文明寝室创建，组织家长参与生活护航，开展“零壹家长学校”“进校园、护生活、我参与”及家校共育主题活动；计算机与信息学院坚持实施寝室文明亮化工程，遴选学年内没有任何违纪和挂科，同时在文明卫生、专业学习、学科竞赛、学团工作、文体活动、志愿服务等方面整体表现优秀的寝室，发挥朋辈引领的作用；物理与电子信息学院建设“格物”“树礼”“求实”党建领航“一站式”学生社区，形成“党委—团委—党支部—班级”纵向管理和“学院—社区—宿舍”横向服务的育人场域，设立学院领导“亮身份”联络点，成立芜湖首个警校反诈宣传教育共建基地；化学与材料科学学院将思政力量下沉学生社区，开展“辅导员微思政课堂”“党员宿舍挂牌”等特色活动，辐射带动学生300余人次，年度累计完成院级资助62.72万元，覆盖303人次；地理与旅游学院开展安全教育主题班会108场次、进课堂360余次、进宿舍700余次、年度排查消除安全隐患45处（次），学院发放奖助学金73万元、开展思想调研活动43场次、解决学生关切问题96项、组织“一站式”学生社区品牌活动145场次；生命科学学院打造廉政文化角和社区育人空间，组织学生聆听“生命与健康高端论坛”“远志踏实讲坛”“青芒论坛”等品牌讲座；生态与环境学院重点关注帮扶特殊学生群体54人，建立完善一人一册帮扶档案；等等。

（三）生活护航成效

1.学生学习生活设施改善升级

新增建筑面积21万平方米，冬和园工程建设、学生第三食堂、宿舍家具家电等生活配套项目交付使用，学生的幸福感、获得感切实增强。推进物业服务和校园环境专项治理，新增草坪绿地5000平方米，整治改造微景观4处，放养鱼苗4000尾，对赭山校区学生浴室进行改造升级，在两校区教室和宿舍安装直饮水机133台，后勤综合保障能力不断提升。打造人文后勤，校徽月饼、免费考研餐等暖心活动受到师生好评和主流媒体关注。

2. 校园文化建设成效显著

“安徽非遗传统舞蹈”“徽州舞龙”两个项目获批安徽省第二批中华优秀传统文化传承基地（全省高校首位）。3名外国留学生参加第二届外国人讲安徽故事大赛，留学生杰克和星琳分别斩获全省二等奖和三等奖，学校荣获优秀组织奖。多部作品参加“青春，一起向未来”安徽省第四届大学生朗诵艺术节，《秦腔》《吾皖梦乡》双双斩获全省一等奖，学校荣获优秀组织奖。《百年约定》《星火永相传》等节目参加2024年安徽省高校校园原创文化精品第三场省级示范展演，有力彰显了学校深厚的人文底蕴，展现了良好的师大形象。

3. 校园安全治理能力有所提升

学生安全意识显著提升，主动参与安全演练和教育活动的积极性增强；安装国家反诈App全覆盖，防骗意识得到增强，校园电信诈骗案件不断减少。校园安全治理精细化、智能化水平有效提升，学校常态化开展校园安全隐患排查整治工作，对学生宿舍、实验室、教室等重点区域开展排查，消防安全教育深入人心，校园安全环境得到明显改善。防范电信网络诈骗教育全覆盖，以开展“六个文明”教育实践活动为契机，加强校园电动车整治，校园违规骑行、乱停乱放现象得到有效遏制，文明出行成为校园新风尚。学生宿舍卫生文明检查常态化，违规用电、堆积杂物等现象明显减少。

4. 贫困学子资助工作规范高效

学生资助做到评审规范、发放及时，贫困生人均受助0.58万元，其中特别困难等级学生人均受助0.71万元、困难等级学生人均受助0.55万元、一般困难等级学生人均受助0.43万元，有效缓解了他们在校期间的经济压力，确保安心学习。贫困学子取得较大进步，就业率高于学校平均水平2.5个百分点、奖学金获取率高7个百分点、升学率高2.05个百分点、人均志愿服务时长高于全校平均水平。学校受邀在长三角区域学生资助高质量发展专题研讨会上作专题报告。精准隐形资助受到新华网、安徽省教育厅官网、安青网等关注和报道。涌现出“中国大学生自强之星”乔博宇、骆鹏晟等一批贫困励志学子典型，2人入选安徽省“资助圆梦皖美未来”优秀典型案例。

5.“一站式”学生社区建设成绩突出

学校获评安徽省“一站式”学生社区A级高校，学生社区入选安徽省“大思政课”实践教学基地，3项成果入选全国风采展示优秀案例（列全国第七，全省首位），2篇工作案例在安徽省高校安全保卫工作案例评选中分别荣获一等奖、二等奖。学校校园门禁系统正式启用，应急响应和安全服务保障高效，为社区安全稳定提供了坚实支撑。

四、情感护航

（一）调研发现的主要问题

1.人际交往成为重要课题

大学生除了学习规划、发展目标等常见问题外，出现了同学交往、亲密关系、家人相处等人际交往困惑；普遍渴望更深入、更广泛的朋辈交往，但是仍有很多学生因作息习惯差异、消费个性偏好、性格气质不同等出现了室友人际冲突，进而影响学习生活质量。此外，受家庭离异、重组和二孩、多孩政策周期效应释放等因素影响，部分学生存在家庭交往关系问题。

2.虚拟社交占比持续增加

随着互联网和智能手机的普及，大学生网络社交已经成为他们日常生活的一部分。在网络社交的渠道方面，微信、QQ是使用最多的网络社区，以抖音等视频号为代表的短视频App是最主要的信息来源渠道。校园官网、今日校园，因为校园生活所需成为日常必须关注的重要信息来源，小红书、B站、今日头条的影响力持续上升。但值得关注的是，在网络社交发展的过程中也存在着一部分大学生出现网络依赖、信息茧房等情况，特别值得注意的是，随着网络交往的活跃，学生现实沟通交往的意识和能力在逐渐弱化。

3.婚育观念发生变化

大学生的婚育观念发生了显著变化。青少年成长过程中的家庭观教育有所缺失，部分学生的婚恋观、生育观出现一定的偏差，这与社会层面结婚率、生育率呈现的下降趋势相印证，反映出传统婚育模式对大学生的吸引力持续减弱；部分学生在情感认知上存在困惑，对如何平衡学习和恋爱关系感到迷茫。

（二）情感护航主要举措

1.开展交友观、恋爱观、家庭观教育

落实辅导员“五进”机制，辅导员深入学生宿舍平均每月8次，围绕交友观、恋爱观、家庭观等广泛开展谈心谈话，引导大学生塑造积极健康的价值取向，培养正确的情感交流、表达方式。开展专题培训，结合大学生常见的学业困难、恋爱交友、家庭关系等问题，帮助学生了解生命健康的重要性，提升学生调节情绪和应对挫折的能力。召开学生情感问题朋辈交流会，围绕情绪、学习、人际关系等学生常见的困扰展开交流，通过分享经验更好地发挥“朋辈间支持互助”的作用。积极打造“研究生科技文化艺术节”品牌校园文化活动，举办“我和我的导师”乒乓球团体比赛，300余名师生参与；拓宽研究生学术研究视野，开展研究生教学技能大赛，400余名研究生参与。

2.开展“运动、读书、交友”活动

举办“为中国式现代化挺膺担当——青春年少好读书”读书分享会，团省委书记陈明生来校参加读书交流。举办5期“赭麓共读”读书分享活动，全年参与人次达1.72万、读书打卡15.8万条、征文4331篇。启动建设“青年书屋”，募集价值30万元的优秀图书。打造“青春剧场”线下文化活动阵地，组织“单周唱歌观影、双周跑步跳操”，常态化开展“赭麓悦跑”星光夜跑、“青春四季”校园音乐节、“青春飞扬”舞蹈大赛、“青春新秀”新生才艺大赛、“铿锵玫瑰”女子拔河比赛、团团带你看美展、博物馆奇妙日等“能参与、有体验、广覆盖”的文体活动43场，参与人次4.1万，大力营造“周周有活动，处处有惊喜”的校园文化氛围，促进青年学生强健体魄、提升涵养、扩大交往、全面发展。

3.开展人文与科学素养讲座和文艺活动

组织举办4场“花津大讲堂”名人名家对话大学生活动。招募艺术教育“小先生”8名，继续面向全校学生开设舞蹈、戏剧、合唱等艺术实践课程，覆盖6000人次。推荐3件作品获评全省优秀艺术团课，1件作品入围高校校园原创文化精品省级示范展演作品，1件作品受邀参加全省大学生庆祝新中国成立75周年汇报演出，1件作品受邀参加安徽省高校青年曲艺交流现场展演。6名学生受邀参加“美好安徽我来说”青春思政课现场展演。

4.关心关爱少数民族学生

为边疆籍本科生举办民族文化节，带领边疆籍本科生和其他同学一起端午包粽子、中秋尝月饼等，让边疆籍本科生在实践中体验中华优秀传统文化和民族团结；让他们通过介绍家乡风土人情和服饰、舞蹈等，向同学们展示民族文化；学校还在校园内专门开辟“石榴园”，种植了象征民族团结的56棵石榴树，组织边疆籍本科生与其他学生结对认领养护石榴树苗，促进各民族学生交往交流交融。向参加考研的边疆籍本科生开展慰问，在发放牛奶、面包等慰问品的同时向他们表达关怀和鼓励。举办边疆籍本科毕业生欢送会，送上毕业纪念品并发放求职交通补贴。

5.开展家校协同育人

学校制定《安徽师范大学家校协同育人工作方案》，和学生、家长一道同向发力、同题共答，共同构建家校协同育人格局，不断加强家校合作，创新育人模式，齐心助力学生健康成长、茁壮成才。召开学生家长座谈会，开展重点学生家访，邀请家长参加毕业典礼。主动搭建家校互联平台，着力畅通家校沟通渠道，开设面向新生及家长的入学教育“云课堂”，将家校沟通交流和答疑互动放置到新生来校之前，通过网络直播的方式给新生们带来专题讲座，帮助新生提前了解和规划大学生活。开办家长学校，筹建家校协同育人辅导员工作室，积极围绕家校协同育人组织科研课题申报。

6. 学院情感护航特色做法

各学院积极开展情感护航探索，在个性化情感支持、多元化情感表达、系统化情感交流等方面形成了特色做法。文学院打造“天门山下读书会”品牌，遴选优秀青年教师为阅读向导，引导学生进行读书的交流、思想的碰撞；马克思主义学院开展情感教育活动86次，举办餐叙会、本科生组会、骨干交流会等教育引导主题活动15次，服务学生1800人次，举办人文与科学素养讲座8次、文艺活动12次，参与学生1800余人；法学院依托“策略法学大讲堂”“社会治理讲坛”“赭津实务讲坛”等平台，邀请专家举办报告会，开设辅导员工作坊，设立情感、人际交往等专题，为学生提供咨询和引导；经济管理学院举办建院二十周年“五育并举”文艺展演、“五育并举”教育实践活动季活动；音乐学院坚持点面结合，通过主题班会、谈心谈话、专业实践等加强学生情感教育；美术学院引导学生纠正认知偏差，处理学生情感纠纷、寝室关系、亲子矛盾等方面的事项40余件，举办读书分享会、志愿服务分享会、新生户外素质拓展等活动，积极拓宽学生视野；历史学院召开寝室长大会、“护生活，知感恩”资助育人主题教育大会，举办“师者漫谈”活动8期，开展人文与科学素养及学术讲座35场，举办冬至日包饺子、端午节包粽子、年味随手拍等活动；教育科学学院组织各年级开展正确交友观和恋爱观主题教育班会，举行寝室人际关系团体辅导活动，开展皖江心理大讲堂6期、赭山青年学者论坛8期、学而论坛3期、学前教育知行大讲坛1讲，组织各类人文与科学素养讲座10场；外国语学院辅导员与专业课教师紧密配合，主题班会搭配“一对一”深度谈心，全方位加固学生情感防线，“花津悦读”润泽学生心田，常态化口语角开辟跨专业交流“新航道”；体育学院组织冠军教师邓琳琳、王春雨、顾雪宋、桑亚婵走进学生社区开展冠军讲坛活动，组织校运动会开幕式、星光夜跑校园文化节等大型活动志愿服务工作；新闻与传播学院精心编制问卷，广纳1000余名学生反馈意见，深挖情绪管理、压力根源、人际互动状况，经过深度数据分析，精准定位学生心理需求核心与痛点，为教育活动校准方向；数学与统计学院组织“‘数’你最牛”素质拓展月系列活动和各项体育竞赛，打造深受学生欢迎的“阅读π”空间，组织“零壹讲堂”“院士进校园”等人文与科学素养讲座，开办“零壹家长学校”；计算机与信息学院组织学生以团小组为单位，开展竞技与深度合作，组织师生共读活动，搭建校院领导、专家学者与本科生共读一本书，分享心得体会的平台，组织魅力导师论坛；物理与电子信息学院举办大规模家长座谈会1次，小范围家长座谈会52次，实地回访学生家庭16个，开展交友、恋爱等主题班会30余场，举办人文与科学素养讲座报告58期，建立健全学生成长台账，形成“成长问诊”任务清单；化学与材料科学学院定期向家长发送考试成绩查询提醒短信，邀请家长来校召开座谈会2次、参加新生家长见面会1次，实地回访贫困生21人次，进行校外租房学生家访52次，邀请68名学生家长来校交流学生情况；地理与旅游学院开展主题班会68场次，辅导员每学期至少与每位同学进行1次深入谈心，与重点群体每周至少进行1次交流，年度累计开展谈心谈话4000余次，发现并解决学生困惑200余项，开展家校沟通2891人次；生命科学学院举办心理剧表演、团体辅导、情感交流会等活动，各班级团支部常态化开展读书活动，一、二年级各班级均成立羽毛球、篮球、乒乓球类兴趣小组，绘画、唱歌、舞蹈类兴趣小组，邀请同伴教育培训专家做辅导；生态与环境学院依托“最青春”寝室文化节，广泛开展阅读朗诵比赛、青年大学习知识竞赛、寝室趣味运动会、寝室红歌比赛、寝室志愿服务活动等促进学生德智体美劳全面发展的活动。

（三）情感护航主要成效

1.家校协同育人取得积极进展

初步构建了家校协同育人工作体系，提升了家长教育意识，通过“家长学校”、座谈会等方式普及科学教育理念，帮助家长理解大学生成长需求，减少“过度保护”或“放任不管”现象；提高了学业困难学生帮扶成效，家庭与学校协同关注学生学习习惯和态度，通过定期反馈，帮助学生解决学业困难，提升了学生学业成绩；加强了学生心理健康支持，家长与辅导员联动，及时发现学生的心理问题，并通过家校沟通制定干预方案；提高了学生社会适应能力，家校共同培养学生的责任感、沟通能力和团队协作意识；优化了亲子关系，家校协同机制促进了家长与成年子女的平等对话，改善了代际沟通。2024年，学校邀请广大学生家长来校参加毕业典礼暨学位授予仪式，共同见证美好毕业时光，共话家校协力护航事业；校、院两级举办家长座谈会221场次，实地回访512个学生家庭，辅导员与学生家庭沟通3.81万人次。

2.人际交往困扰有效缓解

因作息、消费、性格等差异引发的室友人际冲突明显减少，受影响的学生学习生活质量显著回升，在处理宿舍关系时，学生们能更加包容理解，积极沟通，通过参与宿舍文化建设活动，增进了彼此的感情与信任；家庭交往关系问题得到有效改善，受家庭结构变化等因素困扰的学生与家人的沟通更加顺畅，关系更加和谐，对家庭支持的感知度增强。

3.学生人文与科学素养明显提升

学生参加人文与科学类课程达138966人次，同比增长18.45%，其中人文类课程参与45327人次，同比增长36.72%，科学类课程参与93639人次，同比增长11.25%。荣获全国第七届大学生艺术展演一等奖1项、二等奖4项、三等奖1项，并获优秀组织奖，成绩位居全国前列、全省第一；在同届省赛中获奖33项（全省第一）。

4. 虚拟社交负面影响削弱

大学生网络依赖现象得到遏制，每日使用网络社交的时长逐步减少，对现实沟通交往的参与度显著提升，在校园活动中的互动交流更加积极主动；信息茧房问题得到缓解，学生获取信息的渠道更加多元，对不同观点和信息的接受度提高，思维更加开阔，校园官网、今日校园等平台的有效信息阅读量有所增长，拓宽了知识视野和认知边界。

5. 婚育与情感观念优化

学生对婚育的态度逐渐趋于理性，部分学生开始重新审视婚育价值，对未来家庭生活有了更积极的思考；在情感认知方面，学生们在平衡学习与恋爱关系上有了更清晰的规划，对情感关系本质、相处模式及沟通技巧有了更深入的理解，处理情感矛盾时更加成熟冷静，校内情感咨询案例中，因沟通不畅导致的矛盾占比明显下降。

6. 边疆籍学生民族团结教育成效明显

边疆籍学生理想信念坚定，中华民族共同体意识显著增强。边疆籍学生中有中共预备党员3人，共青团员55人。学业成绩有效提升，2024届边疆籍本科毕业生毕业率100%，考取硕士研究生3人，荣获2024年第十八届“大学生年度人物”入围奖等校级以上荣誉20余项。“团结花开”少数民族学生联系培养关怀教育工程获评团中央指导的全国高校学生会组织“我为同学做实事”项目交流展示活动“全国精品项目”（全国100个，安徽省3个），相关活动事迹受到团中央基层建设部、省教育厅以及《安徽日报》等主流媒体报道10余次。

五、身心护航

（一）调研发现的主要问题

1. 学生身体健康问题较为突出

部分学生在中学阶段体质健康状况不佳，到大学后参与体育锻炼的积极性不高。新生体检项目较为简单，隐性基础性疾病难以发现。目前我校本科生中高血压患者328人，2024级存在各类身体异常新生729人次，近3年突发危重病学生16人。此外冬春季节流感、支原体肺炎、水痘存在一定的数量，肺结核病例每年有几例。

2. 存在心理健康问题的学生人数多，成因复杂

学生心理健康问题呈现“发病低龄化，带病入学人数逐年上升；类型复杂化，抑郁障碍问题突出；成因多元化，家庭诱因占比最高；程度趋向恶化，危机干预数量激增”的特征。近五年存在心理问题学生中“带病入学”占比显著上升，很多学生有长期就医史或早已有发病迹象但未规范就诊治疗，进一步增加了危机干预工作难度。新发危机人数持续上升，情况复杂且严重的心理问题学生越来越多，实际危机干预中监督落实干预建议、收集既往及最新病历材料、日常回访等工作量也大幅上升。2024年，危机在库学生中处于治疗期的人数占比超一半；从性别来看，女生占比显著多于男生；从年级来看，随着年级的升高占比增加，其中大三占比最高，反映出随着学业推进和成长阶段变化，积累的学业、社交等问题逐渐显露，且面临着未来的就业、考研压力的增加，使得心理问题较为突显。

（二）身心护航主要举措

实施“身体+心理”健康习惯培育。全覆盖开展学生生命教育，提高校、院、班三级“心语”心理健康教育活动的对象性和参与面，优化阳光体育活动、新生体检、应急救护培训等。

1. 全覆盖开展生命教育（含心理健康教育）

——完善课程建设。细化2学分“线上线下”“理论实践”混合式课程，建设校、院两级课程师资队伍体系。拓展课程资源，注重宣传教育，精选6位优秀教师拍摄生命教育、时间管理等主题系列微课。以赛促学促教，精选优秀教师参加省级和国家级微视频比赛、教师基本功大赛等。推深实践课程，开设团体辅导、心理微电影等实践课程100余

节；培育师资队伍，选派9名教师参加课程交流培训；加强组织管理，开展个性化听课100余节，累计开展各类教研活动20余场。

——开展系列活动。不断提高校、院、班三级“心语”心理健康教育活动的对象性和参与面，开展全员化心理护航活动400余项，实现生命教育全覆盖。持续推进“1+2+N”心理健康教育活动品牌，立足1个“心语”品牌活动，推送“朋辈心电”“心语树洞”等科普文章200余篇，累计阅读量2万余人次；持续开展“一日心语”知识答题、“心语相约”团体沙龙、读书会、OH（Open your heart）牌自我探索等疗愈放松型活动10余场。开展“5·25”“10·25”心理健康月系列活动，开展共青团12355流动服务台巡航护“心”活动，积极营造心理健康育人氛围。协同拓展“N个学院特色活动”，指导各学院结合自身特色组织开展“五个一”“六个一”活动。各学院举办各类活动，累计参与学生突破20万人次。

——开展生命教育宣传。开展全覆盖生命健康教育，不断提高学生心理品质。学校线上线下多渠道开展生命健康教育和预防心理问题的科普宣传，不断提升学生心理素养，线上开展生命教育主题征文比赛，累计征集学生百余篇十万余字文章；邀请心理健康教育课程教师录制《探寻生命意义》《生命教育追寻　让学生成为更好的自己》《把握生命　战胜拖延》等生命教育系列微课。线下组织开展电影赏析、植物养护等各种类型的生命教育专题活动，指导各学院积极开展生命教育主题班会、主题讲座等一系列生命教育专题活动，帮助大学生深化对生命教育的认识，树立“生命至上，健康第一”的理念。

2.开展心理测量、咨询和危机干预

——健全筛查预警机制。优化筛查方式，完善量表选用，学校每年春季面向老生、秋季面向新生开展心理健康筛查；辅导员及时通过查阅档案、观察了解、交流谈心等方式，摸清学生实际情况与有关需求；任课教师在日常教学和与学生交流过程中要了解学情、分类施教。多途径、多角度、全方位对学生心理状况进行筛查。2024年，全覆盖开展了学生心理筛查工作，通过数据分析形成分析报告，并筛选心理约谈名单，由经过培训上岗的专兼职心理咨询师对受邀约谈学生进行“一对一”访谈评估，近4年心理约谈人数呈不断上升趋势。对约谈筛查出的重点关注学生制定个性化“一生一策”干预方案，指导学院做好后续干预和跟踪服务工作，实现心理筛查闭环管理。

——构建高质量心理咨询服务体系。强化咨询服务，以学校为主体、学院班级为两翼，坚持教育与指导相结合、自助与他助相结合，实现应咨尽咨。线上搭建网络服务平台，开通心理支持热线，开展网络辅导。线下做实心理咨询服务，个体心理咨询人数和人次均呈上升趋势，咨询人数同比增长3.52%，咨询人次同比增长3.90%。学院以发展辅导站为载体，推动辅导员谈心谈话与日常心理辅导相结合，累计辅导千余人次。

——压实危机预防与干预闭环机制。完善“校院班寝”四级心理健康工作体系，重点时段加强监控管理，切实护航学生成长成才。推深“学校+专科医院”合作，开通学生就医24小时绿色通道，为我校存在心理问题学生诊断、转介、治疗提供保障，同时邀请专家进校进行心理评估71人次。对于因精神或心理健康问题休学、愈后复学的学生，完善“医院—学校—学院”共同参与的关爱帮扶机制。针对重点人群，学校依据“一人一策，精准帮扶”的原则，校、院两级定期召开帮扶专题研判会，形成重点学生研判帮扶材料20余万字。

3. 开展体检和医疗健康工作

——做好常见病诊疗工作。做好师生常见病、多发病（含意外伤害）诊治、院前急救和危重症的转诊工作；负责各类传染病的防控和各类传染病疫情登记、报告与管理工作；承担学校各类活动现场医疗保障工作和突发事件救护工作。开通了弋矶山医院、芜湖市第二人民医院、中医院“绿色通道”，保障重症急诊学生身心健康和生命安全。

——做好传染病防治工作。在流感、支原体肺炎、肺结核等多种传染病高发季节，加强日常监管，督促患者及时就诊，做到校园传染病患者“早发现、早隔离、早治疗”，预防各类传染病的发生与传播。同时定期组织专业技术人员加强相关传染病现场处置方法的学习，做到第一时间响应，及时有效实施现场调查和处置，落实各项控制措施，防止疫情扩散，控制疫情规模。

——开展新生入学体检复查。每年组织新生入学体检复查，及时发布我校学生体检报告，对有身体疾患的学生进行分类医学指导并提出处理建议。对因病不能坚持学习者或根据医院检查结果可复学的，按照学籍管理规定，提出休复学处理意见。新生体检工作通过早发现疾病、筛查传染病等手段，有效保障了学生在校的正常学习生活，有效防控了校园疾病的传播，同时为大学生的健康管理提供了重要的参考依据。

——开展身体健康教育。面向全校开设“大学生健康教育”选修课；依托各类宣教载体，普及健康知识，利用结核病防治日、世界艾滋病防治日等举行大型宣传和义诊活动，不定期开展“订单式”的健康教育讲座；学生社团获中国性病艾滋病防治协会高校防艾基金、安徽省百千万志愿者结核病防治知识传播行动大学生志愿者团体培育计划资金支持。

4.做好体育课、体质健康测试等相关工作

积极践行校长李亚栋院士提出的“爱运动、强体魄、铸精神”的师大体育育人理念。首次针对“大学体育（一）”和“大学体育（三）”课程没有通过的毕业生，跨学期开设课程。组建校运动队和开设体能+等课程，指导各学院制定学生体质健康测试（简称“体测”）奖励办法，对于因生病、残疾、体弱和心理疾病等不适合进行学生体测的学生，给予免测或缓测；对于体测不合格的毕业生在毕业前给予补测。举办校第二届校园体育文化节，推出篮球、排球、武术、体育舞蹈等8项校内学生联赛，其中龙舟大赛是2024年新推项目；举办“爱运动、强体魄、铸精神”2024年校园体育嘉年华启动式暨“悦跑初夏”星光夜跑活动，吸引了全校各部门、各学院2000余名师生参加；举办校第53届田径运动会开幕式及文体展演活动，6000名师生现场参加开幕式及文体展演，线上浏览、观看人次达94.3余万，点赞数超277.5万。

5.学院身心护航特色做法

各学院积极开展身心护航探索，在分类建档、重点学生“一生一档一策一队”帮扶支持、兴趣小组组建等方面形成了特色做法。文学院开展“向阳而生，从心出发”等户外素质拓展活动；马克思主义学院组织“青马青行”“青马悦动”等特色活动100余次、举办心理知识竞赛5次、开展个体咨询350余次、开展团体咨询35场次；法学院组建篮球队、排球队、舞蹈队、龙舟队、演讲队、合唱队等学生兴趣组织，帮助学生在体验中学会情绪管理、人际交往、抗挫折等能力；经济管理学院落实“院领导—辅导员、导师—心理委员”三级谈话排班机制；音乐学院全覆盖开展生命安全主题教育；美术学院拍摄心理微电影，帮助学生理性看待心理健康，提高自身抗挫折能力；历史学院开展“新生适应专题”“求职经验传授”“期末压力疏导”等主题教育活动；教育科学学院开展“心晴”心理沙龙等心理育人护航系列活动10余次；外国语学院通过谈心谈话、建立互助小组、家校沟通等多举措做好学生心理干预工作，累计开展谈心谈话700余次；体育学院做实辅导员、学生骨干24小时监测报告制度；新闻与传播学院以班级、寝室等为单位积极举办群众性体育活动，引领万余人次大学生走出宿舍参加运动、交友活动；数学与统计学院举办朋辈心理互助能力大赛，建立宿舍心理联络员（寝室长）护航能力提升训练营；计算机与信息学院举办生命健康教育主题辩论会、人际交往拓展主题活动、心理活动日团辅、心理健康主题班会、心理主题观影等活动；物理与电子信息学院通过家校沟通了解学生身体状况并建立健康档案，累计进行重点群体学生谈话500余次；化学与材料科学学院依托“成长小屋”大学生发展辅导站为学生提供“一对一”咨询服务；地理与旅游学院开展“乐行心旅”心理健康教育活动20余次；生命科学学院制定学生体测奖励办法；生态与环境学院搭建最青春寝室文化节、兴趣小组等平台，组织开展拔河比赛、读书分享、师生篮球赛、户外素质拓展等活动；等等。

（三）身心护航主要成效

1.学生身体健康意识显著增强

通过多渠道开展的健康教育活动，促进了学生从合理饮食、规律作息等良好习惯做起，强身健体，充分认识到“自己是健康的第一责任人”。2024年，学校开展的学生体质健康测试中，及格率为92.68%，优良率为39.11%；在全省学生体质健康抽测中，我校学生体质健康优良率为21%，获得通报表扬。

2.心理健康教育成效显著

完善“线上线下+理论实践”混合式2学分心理课程，学生课程满意度较高，3名教师的心理健康教育微课获奖。做好监测发现，及时介入新发的心理危机学生，迅速响应高风险学生的干预处置，服务人数持续增加。对危机学生进行动态跟踪回访及闭环管理，有效做实做细“一生一档一策一队”帮扶关爱机制，全方位落实心理帮扶。对毕业班危机学生面临的考研、就业等困惑，针对性开展团体心理辅导、师生交流会等予以帮扶指导，有效支持在库心理危机学生完成学业，保障其顺利毕业。学校获评2024年度“安徽省普通高校心理健康教育示范单位”和“优秀心理咨询工作集体”，1人当选全国心理委员论坛副主席，1个案例获安徽省高校第三届心理健康教育发展论坛“优秀案例”，2人分别获评安徽省2024年度心理咨询师先进个人和优秀心理健康教育工作者，形成心理案例300余个，提交中宣部专题咨政报告1篇。

第三部分　护航保障、行动研究等情况

一、护航保障

（一）政策保障情况

修订教师职称评审文件，将大学生护航业绩纳入评审条件。修订辅导员“双晋升”文件，单列指标、单设标准、单独评审。出台《关于发挥党员在推进“三大行动计划”中作用的实施意见》，制定《安徽师范大学大学生护航行动计划实施纲要（2023—2026）》《安徽师范大学大学生护航工作先进个人评选表彰办法》。2024年度专职辅导员晋升科级46人，晋升讲师17人。

（二）队伍保障情况

1.配齐建强学工队伍

引导学生工作队伍坚持以育人为志业，在实施“时代新人铸魂工程”中勇担当、善作为、作贡献、出实绩，引进6名博士辅导员，开展辅导员培训2100余人次，辅导员在省级以上比赛中获奖20余项。

2.压实教师育人责任

坚持“四有好老师”标准，加强师德师风教育，强化政策引领、履职考核和典型选树，压实教师育人职责，设立《教职员工主要护航责任清单》《教职员工护航工作负面清单》。

3.加强学生自我教育

加强学生组织建设和学生骨干队伍培养，强化学生自我管理、自我服务、自我教育、自我监督功能。

（三）经费保障情况

1. 建立护航基金

已募集护航基金300万元（安徽师范大学出版社捐助），其中：主题班会项目库建设经费10万元，学生社团精品课程库建设经费10.5万元，投入10万元建设校园青年书房，投入2.5万元用于奖励护航计划标识（LOGO）征集作品。

2. 设立护航工作经费

利用工作经费开展学生家庭回访，暑期由校党委副书记胡靖带队赴铜陵市、桐城市、枞阳县、青阳县、宿松县回访学生家庭201户，行程4000多公里，累计发放3.05万元的慰问品和慰问金。

（四）场地保障情况

学校持续推动空间场域资源整合，建立校区驿站、公寓片区分站等社区空间20余个，健全“苑区—楼栋—楼层—宿舍”四级苑舍制网格，实现学生活动场所线上预约，打造“一苑一品”育人驿站共48个。学校拥有专业化的心理咨询场地，在多个校区共设有等候室、接待室、个体咨询室、心理宣泄室、心理沙盘室和团体辅导室等20余间，面积逾1000平方米。学校开通了专门的心理健康教育网站以及学生咨询预约系统，先后购置专业图书1000余册，配备心理沙盘、团体辅导活动桌椅、素质拓展器材、心理影院设备、心理自助系统、智能身心反馈训练系统、智能互动宣泄系统等。

（五）信息化保障情况

1. 做好高速泛在校园网络建设

及时完成新建楼宇校园网建设，保障新楼投入使用时即为师生提供稳定高速、全覆盖的校园网服务。持续优化校园网络，主动对校园网运行情况进行监测，针对花津校区用户剧增的情况，将学生宿舍各区域和行知楼的上联链路扩容至20 G，将主干链路扩容至40 G，增加了20 Gbps出口带宽（达到76.8 Gbps），保障学生学习、生活用网。

2. 推进融合教学环境建设

丰富学习模式，加大常态化录直播教室覆盖面，常态化录直播教室增加至293间，占公共教室总数的72%，日均录制课程超1000节，为学生复课提供了视频资源。拓展录直播平台功能，实现了在线督导听课和教学行为数据分析，有利于教师提高教学质量。建设“自助录播”应用，让学校所有常态化录播教室都成为“微格教室”，满足学生师范生技能训练以及其他面试试讲的需求；建设“导流分析平台”，帮助学生快速选择自习教室，节约了学生找自习教室的时间。

3. 推进学生数据管理与应用

推进学生数据管理，进一步梳理了数据清单，完善涉及学生数据20份。推进学生数据应用，进一步完善了学生个人中心、学生画像等应用建设，推进部门完善学生管理与服务应用，赋能管理与服务。

4. 加强技术支撑和网络安全保障

加强技术支撑，建设校园门禁系统，将学生进出校园信息融合到学生管理工作中，提升校园安全管理效能；建设座位预约系统，优化座位预约体验。加强网络安全保障，不断完善学校网络安全防护策略，加强学校网络安全管理，保障各平台及系统安全稳定运行。

二、行动研究

（一）护航行动实践案例研究

组织各单位围绕护航工作实践，整理护航行动实践案例，推动护航工作从经验向科学转变，形成护航行动实践案例36个，学生个体护航案例407个。围绕《安徽师范大学大学生护航行动计划》《安徽师范大学大学生护航行动计划实施纲要（2023—2026）》，组织开展护航计划研究课题申报，收到围绕教育理论、体制机制、支持体系、帮扶措施、现实问题等课题研究申报书112份。另外，按照“主题化、项目化、方案化、科学化”要求组织建立主题班会项目库。

（二）“行走的思政课”教学模式创新与保障机制研究

聚焦新时代高校“行走的思政课”的理论和实践问题，界定“行走的思政课”的科学内涵，通过厘清“是什么—为什么—怎么做”逻辑链条，系统回答“在哪讲、谁来讲、讲什么、怎么评”等核心问题，明确其推动传统思政课堂社会化延伸、生活化改造、主体化变革及实效化提升的核心作用，打造“走、看、讲、思、做”5环节闭环，瞄准“社会化、基地化、课程化、全员化、项目化”5项标准，开发红色研学、乡村振兴、文化传承等10大课程群；围绕“领导体系、协同格局、参与机制、资源配置、师资队伍、实践基地”6大维度，优化工作保障机制。“行走的思政课”建设进一步推动了思政课从传统课堂向“大思政”场域延伸，为全国高校提供可优化、可复制、可推广的举措、对策及方案，助力新时代思政教育高质量发展。

（三）“四全”心理健康教育体系建设研究

建立数智时代系统化的心理育人理论框架，构建“家校医社”全主体协同、“大中小幼”全学段贯通、“教管服学”全要素育人、“宣测咨治”全流程衔接的“四全”心理健康教育体系，从而建设稳定有序、充满活力、良性互动的“四全”一体化心理育人共同体，建立满足学生心理健康教育多维需求的数据库资源，为学校心理健康教育实践提供科学依据，进而提出并形成可复制、可推广的实践范例和实操策略，推动学生心理健康教育工作高质量发展。

一年来，护航行动研究成效明显，启动护航行动实践案例、“行走的思政课”教学模式创新与保障机制、“四全”心理健康教育体系建设等护航行动研究，学工团队获省级及以上课题立项9项，其中，胡靖教授牵头申报的“新时代高校‘行走的思政课’教学模式创新与保障机制研究”、桑青松教授牵头申报的“数智时代大学生网络社会心态形成发展规律及引导策略研究”获得国家社科基金高校思想政治理论课研究重点项目立项（全国仅28项）；发表论文39篇，其中高级别论文5篇；形成护航实践案例36个，其中6个案例获得省级以上表彰；向中宣部和省委省政府提交心理育人咨政报告各1篇。

第四部分　护航工作阶段性成效及影响

一、主要护航育人指标发生可喜变化

2024年度，学校护航育人实效不断提升，学生责任事故为0，学业通过率提升0.85%、升学率提升5.23%、就业率提升7.02%，学生“第二课堂”活动参与率提升25.41%。学校面向全体本科生、研究生开展护航计划之教育管理服务满意度线上问卷调查，学生总体满意度97.09%（本科生97.27%、研究生94.77%），其中，学生思想教育工作满意度97.55%（本科生97.72%、研究生95.34%），学生管理工作满意度97.56%（本科生97.65%、研究生96.34%），教学工作满意度98.11%（本科生98.20%、研究生97.09%），生涯规划、就业指导与服务满意度95.38%（本科生95.58%、研究生92.67%），学生生活保障服务满意度97.26%（本科生97.36%、研究生96.00%），校园安全工作满意度97.76%（本科生97.88%、研究生96.25%），学生“第二课堂”活动满意度96.03%（本科生96.51%、研究生89.68%）。（见图3、4、5）

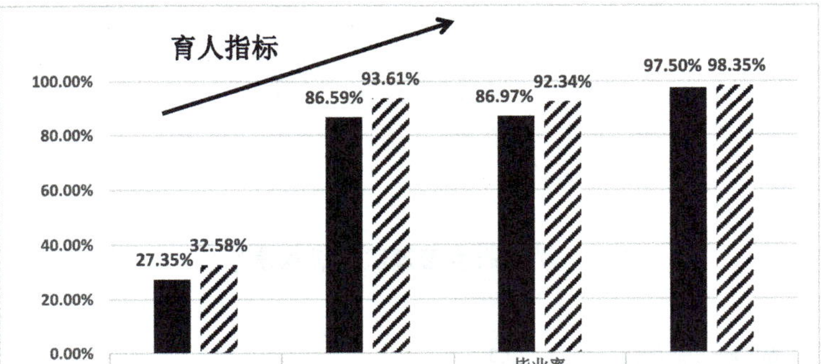

	升学率	就业率（截至8月31日）	毕业率（第一批，严把标准）	学业通过率（严把标准）
2023年	27.35%	86.59%	86.97%	97.50%
2024年	32.58%	93.61%	92.34%	98.35%

图3　学业通过率、升学率、就业率提升情况

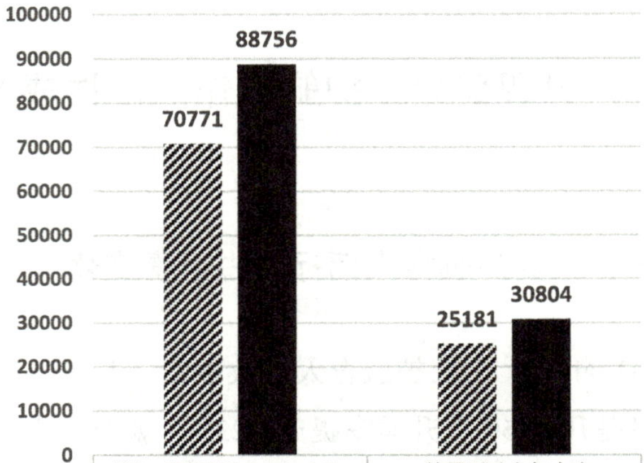

	“第二课堂”活动参与人次	社团活动参与人次
2023—2024学年第一学期/人次	70771	25181
2023—2024学年第二学期/人次	88756	30804

图4　学生“第二课堂”活动、社团活动参与情况

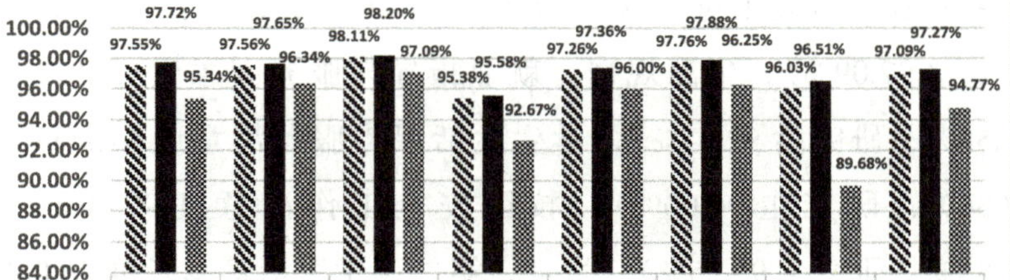

	学生思想教育工作	学生管理工作	教学工作	生涯规划、就业指导与服务	学生生活保障服务	校园安全工作	学生“第二课堂”活动	总体满意度
总体满意度	97.55%	97.56%	98.11%	95.38%	97.26%	97.76%	96.03%	97.09%
本科生满意度	97.72%	97.65%	98.20%	95.58%	97.36%	97.88%	96.51%	97.27%
研究生满意度	95.34%	96.34%	97.09%	92.67%	96.00%	96.25%	89.68%	94.77%

图5　学生教育管理服务满意度情况

二、媒体宣传报道情况

学校在深入实施“护航计划”的过程中，及时总结工作经验，扎实开展“护航计划在行动”专题宣传，在校园网首页发布相关新闻报道

1200余篇。开展“榜样师大人”典型宣传，校园网、《安徽师大报》、微信公众号宣传报道自强之星、优秀毕业生和先进集体。打造校园融媒体新闻精品，设立护航计划在行动、师大微光等融媒体专栏，累计制作发布相关资讯5175条、视频1105条，拍摄制作主题宣传片4部，多次位列全国高校新媒体影响力榜单前十（全年总计13次，1—2月抖音号、视频号分别为全国第1名、第2名），年度登榜微博全国热搜2次、同城热搜10次。其中《校庆请全校学生共享花津鱼宴》全网浏览量达445万，《暑期小学期中的师范生成长故事》全网浏览量超360万，《温情毕业季》全网浏览量超81万。组织策划学校大型活动视频及图文直播13场，总计观看人数超362万人。2024年，省级以上主流媒体宣传报道我校护航计划261篇次，其中国家级主流媒体报道171篇次，《人民日报》《光明日报》《中国青年报》《中国教育报》《安徽日报》等权威纸媒、中央电视台和安徽新闻联播报道53篇次，其中“头版头条”报道13次，“头版”报道5次，“发起大学生护航行动计划”“欲成光，先追光——安徽师范大学探索‘金牌师范生’培养机制”“这个暑假，体验式作业‘热起来’”“安徽师范大学：家校协同育人，共筑新生‘成长共同体’”等话题受到诸多媒体广泛关注。

三、交流推广情况

全年共接待上级领导到校指导调研大学生护航等有关工作10余批次，同时积极利用走出去、请进来等机会开展护航交流研讨、协同共进。

（一）对外示范交流不断拓展

学校先后在全国地方师范大学高质量发展暨“双一流”创建联盟会议、师范教育协同提质计划北京师范大学组团院校学工部长交流会、省委党校交流论坛、长三角区域学生资助高质量发展专题研讨会、新时代师范生思想政治教育创新发展工作交流研讨会、安徽省教育厅心理健康教育工作培训会等会议上作典型经验交流8次。接待兄弟高校来校调研交流大学生护航等有关工作20余批次，积极协商大学生护航联盟成立事宜。向中宣部提交咨政报告1篇，向省委党校提交咨政报告1篇，入选全国“一站式”学生社区风采展示案例3个，入围长三角100个教育现代化案例1个，荣获安徽省高校安全保卫工作案例一等奖、二等奖案例共2篇。

（二）校内交流研讨不断深入

校、院、班三级举办护航培训160余场次、“护航论坛”5期、“护航者说”辅导员沙龙2期，辅导员工作室交流30余期，形成各类护航实践案例130余个。

第五部分　主要问题和努力方向

一、需要加强和改进的方面

2024年护航工作得到全面加强和有效推进，有力服务了学校改革发展稳定和学生成长成才成功，但面对教育新形势、学校新期待、学生新需求、实践新情况，还存在一些需要加强和改进之处，主要表现为以下方面：

（一）护航机制还不够健全

一年多来，学校和学院做了系列机制体制建设性工作，但面对护航计划的纵深发展，还需要加快完善与深化落实。"周安排、月会议、季调度、年总结"运行机制还要在学院和班级层面进一步完善和落实。学校统筹集成不够充分、学院自主谋划不够到位，造成一些该统的统得不够、该分的分得不够。学校育人和护航的节律性不够强，缺少阶段性、专题性"运行图"，护航计划工作指南特别是教师、学工人员等护航工作手册尚不够完善。护航示范性的案例不多，案例指导作用发挥得还不够充分，学院间、护航主体间共享交流机制还不够丰富。过程性和结果性的评价导向统筹兼顾不到位，学生学风建设、学习指导等机制不健全。学生诉求表达渠道需要进一步畅通，意见建议办理时效需要进一步提升。

（二）护航认识还不够全面

当前护航取得较为普遍的共识，但具体认识存在片面、偏差等情况。"以学生为中心"的育人理念还不够深入，教管服一线育人力量与学生的情感"黏性"不足，学生主体性未得到充分激发，表达方式缺乏有效引导；偏于“兜底性”护航，“发展性”护航不足；更重视护航结果，对护航过程重视不够。护航计划常态化、针对性宣传不足，部分师生对护航计划不了解或认识存在偏差；有的学生认为护航就是无条件满足学生一切诉求，个别学生为此产生“躺平”思想；有的老师认为护航不利于保证教学质量，应该“优胜劣汰”、鼓励先进、鞭策后进，对护航成效、育人成果还存在一蹴而就的心理。

（三）护航措施还不够深入

学生在充分肯定系列护航举措的同时，也相对集中就一些问题和需求做了反馈。比如：需要更实用的大学生涯规划和学习方法指导；学科竞赛路径、资源和项目支撑不够到位，求职就业指导针对性需要提升；课程的项目、体量、时间等设置不够合理，希望增加生活体验、职场体验等拓展类课程，一些专业四年级课程繁重，影响考研和就业，希望有更多自主发展空间与支撑；图书馆开放与利用效能有待提升；花津校区冬和园门禁、监控等设施不完善，赭山校区体育馆、生活设施等老化；新生体检项目较为简单，隐性基础性疾病难以发现。

（四）护航合力还不够强劲

虽随着护航计划的深入开展，各支育人力量的护航意识得到加强，但合力仍显不足。本科教育教学审核评估专家、学校师生座谈等指出，部分教师参与学生教育管理服务的热情和投入不足，对涉生安全风险与发展关键的信息敏感性不足。校学工委会议指出，护航需要实现从辅导员“单兵作战”到各方力量“兵团协同”转变，校院两级护航权责关系尚需进一步明确，学院主体作用还需进一步强化。研究生导师与辅导员的教育管理职责不够清晰、协作不够有力。家庭责任弱化不明，家庭教养方式不当，一些家庭隐瞒孩子病史，不愿承认孩子患病及带孩子就医，不愿承担监护陪读责任。

（五）护航支撑还不够有力

护航是学校育人的集中体现与重要承载，需要体系化的保障支撑。当前，还存在教职工特别是教师护航主体责任压得不够实，护航付出既缺少精神鼓励，也缺少物质激励等问题。学院希望在期中考试周设置、期末考试时间安排等方面体现更多办学与护航自主性。教育教学、管理服务的信息化赋能不充分，学生基础信息一张表不够完善，不少逐级汇集到辅导员的“事务”可以通过信息手段提效减负。外部涉生便民资源引入校园力度不够大，校内涉生事务便民简化程度不够高。辅导员招聘、培养、管理体系不够完善，重事务轻研究现象较为普遍，辅导员先进典型的“头雁效应”发挥不够充分。护航经费、学生活动空间等保障力度需要进一步加大。

二、下一步工作方向

坚持以习近平新时代中国特色社会主义思想为指导，以新时代立德树人工程为统领，全面贯彻落实《教育强国建设规划纲要（2024—2035年）》，深化“三全育人”格局，贯彻“五育并举”理念，牢记育人使命，遵循育人规律，聚合育人要素，完善育人体系，压实育人责任，围绕“一个都不能少，一个都不要掉队”的努力目标，一体推进护思想、护学习、护生活、护情感、护身心，关注学生责任事故率、学业通过率、心理健康达标率、体育达标率、毕业率、升学率、就业率、文化生活参与率、管理服务满意度等观测指标，用教育实验和行动研究的方式，着力实现护航计划“纵向做传承、横向做体系、内向做专业、外向做品牌”的四维目标，创新推动“时代新人铸魂工程”师大实践，构建学生成长友好型校园，创造新时代高校学生工作师大模式。

（一）加快完善体制机制

压实校、院两级学工委主体责任，完善会议形式和机制；健全护航计划“周安排、月会议、季调度、年总结”运行机制，完善护航计划工作台账和工作专报；制定护航计划工作指南，制定学工队伍、教师、学生骨干等护航工作手册，探索发布每月、每学期的指导性护航清单，落实家校协同、朋辈互助、组建护航团组等育人工作方案；成立护航计划专家咨询委员会，着力强化全校上下的思想认识和共建意识，全面压实护航任务和主体责任，推动护航计划取得积极进展。

（二）加快构建支持体系

制定实施护航计划战略支持、教学支持、物质支持、技术支持、政策支持、舆论支持等工作方案，深入推进全员育人，配齐建强学工队伍，试行完善学院、部门、教师、服务人员等护航工作主要职责与负面清单，充分彰显情绪价值、发展价值和生命价值。分别制定实施大学生思想护航、学习护航、生活护航、情感护航、身心护航工作细则，开展护航计划先进集体与个人评选表彰，发展壮大大学生护航基金，发布护航计划研究课题指南。强化信息化赋能护航计划，推进护航智慧系统建设等，做好学生在校护航档案、离校电子纪念册等制作工作，信息化赋能学生教育管理事务提质增效。

（三）加快推进实践创新

启动护航计划教育行动研究和教学成果奖立项，编制护航计划工作指南和实验手册，不断推进护航计划实践创新和方案优化，举办家长学校，开展寝室长、心理委员等朋辈互助技能拓展训练。结合专业实际配备班主任，大一全覆盖设立本科生导师，帮助学生做好大学乃至职业成长规划。不断推进学团部门改革创新，充分发挥“带头、带领和带动”作用，进一步提升理解力、传播力、发动力、引领力，真正做到理念转过来、工作统起来、重心降下来、队伍强起来；推进健全研究型学工机制，举办“护航论坛”“护航者说”工作沙龙、护航意见征集师生座谈与问卷调查等活动，加强经验总结和推广应用。坚持“以学生为中心、为学生办实事”，围绕学生的共性问题和共性需求开展工作，面上着力解决学生的文明素养问题、网络素养问题、运动习惯问题、校园交通问题等，点上着力健全“学情呼应办理”机制，以有效解决学生的具体困难和需求。

（四）加快总结固化经验

将实施护航计划与落实新时代立德树人工程和《安徽师范大学“时代新人铸魂工程”重点任务清单》紧密结合起来，努力探索打造一批护航计划特色项目和特色品牌，推动护航计划完成第一阶段预期目标，形成更多可学可鉴可复制、能讲能看能传扬的护航行动研究成果，更好发挥示范引领作用。以心理护航等为切入点，探索建立数智时代系统化的心理育人乃至“五护”理论框架，构建“家校医社”全主体协同、“大中小幼”全学段贯通、“教管服学”全要素育人、“宣测咨治”全流程衔接的“四全”心理育人体系，形成与总结新时代高水平学生工作有效路径和基本经验，每年发布护航计划年度报告，组织护航计划行动研究阶段性评审，组建大学生护航联盟，每年举办“新时代高校学生工作创新论坛”，组织申报国家教学成果奖。

各单位护航工作案例

思想护航——铸魂育人守初心，立德树人担使命

“思想护航”是我校大学生护航计划的核心环节，旨在全面落实立德树人根本任务，为学生健康成长与全面发展提供坚实的价值引领。学校积极构建“大思政课”格局，健全“1+5+N”课程育人体系，推动思政课程与课程思政同向同行，协同育人，充分发挥“行走的思政课”“青春思政课”“智慧思政”“丙辉漫谈”“六个文明”教育实践等品牌思政教育活动的示范引领作用。

高校不仅是知识传授的场所，更是意识形态工作的前沿阵地和立德树人的关键场域。“思想护航”是深入学习贯彻习近平新时代中国特色社会主义思想的重要实践，是将其深化、内化、转化为大学生思想引领的有力抓手。通过多渠道、多形式的思政教育，引导大学生正本清源、固本培元，筑牢信仰之基、补足精神之钙、把稳思想之舵，确保学生思想上与时代同频共振，成为堪当民族复兴大任的时代新人。

《“丙辉漫谈”启心扉，思政春雨润无声》案例通过“现场版”“网络版”“实践版”三种形式，开展面对面、键对键、肩并肩的思政教

育。2024年共举办10期专题交流，覆盖三个校区，服务学生2000余人次。注重师生双向互动，结合传统文化与现代技术，构建多平台共育新格局，推动思政教育“全天候”“不断线”，有效破解学生思想障碍，助力思想护航“活起来”“火起来”。

《以美育人“艺”心绘，培根铸魂“红”满园》案例成立“红色青春守护人”志愿服务队，以“传承红色基因　赓续红色血脉”为宗旨，依托美术专业优势，绘制英雄事迹绘本12册，录制抗美援朝老兵微视频98节，为烈士画像400幅，开展送烈士画像回家活动200余场，携手中小学开展青春思政课60余场，赠送绘本5000册，以激发学生的思政学习热情，厚植学生的爱国情怀，促进思想政治教育与实践育人的深度融合。

《“志愿微光”传薪火，青春筑梦育新人》案例构建以基层党支部为引领、学生组织紧密配合的思想护航体系，通过组织党课、理论宣讲、室内理论学习与户外实践教育相结合活动，形成完整教育闭环。2个学生党支部获评“全省高校党建工作样板支部”，志愿服务团队获多项省级、市级奖项，年度志愿服务时长累计6312.7小时，增强了思政教育的针对性和实效性。

《熔铸强军报国志，锻造新时代“精兵”》案例将国防教育纳入人才培养和就业体系，近5年共102名学生应征入伍。通过思想引领、宣传动员、典型示范、持续保障和邀请优秀退役士兵分享经验，激发学生的参军热情。学院妥善解决应征学生的学业等问题，确保学生顺利入伍，建功军营，为培育新时代“精兵”和促进高质量就业做出积极贡献。

《以社区“四个”讲堂奏响理想信念“最强音”》案例以“理响·社区”理论宣讲团为依托，通过创建“移动式”多元空间、“浸润式”情境宣讲、“体验式”红色之旅、选树“引领式”榜样典型，打造实体讲堂、互动讲堂、行走讲堂、示范讲堂“四位一体”的“一站式”学生社区讲堂。近3年开展宣讲300余场，获批安徽省教育厅项目2项，社区辅导员获多项省级、国家级奖项。

“丙辉漫谈”启心扉，思政春雨润无声

习近平总书记指出：“推动思想政治理论课改革创新，要不断增强思政课的思想性、理论性和亲和力、针对性。”党的二十大代表路丙辉教授长期坚守思政教育一线，聚焦“大思政课”建设，探索改革创新路径，致力于提升高校思政教育工作的针对性和实效性，让思政课走进学生心灵。

（一）基本情况

“丙辉漫谈”是安徽师范大学马克思主义学院博士生导师、教授路丙辉同志自主创办的师生思想交流平台，是学院深入推进文化育人的显著成果。其聚焦于大学生的思想困惑和实际生活中的各类难题，主要任务是为大学生思想教育做好辅助指导工作和进行爱国主义宣讲。2024年，“丙辉漫谈”共开展了10期专题交流，覆盖赭山、花津、天门山三个校区，现场回答学生问题100余个，服务学生2000余人次。

（二）特色做法

1.“现场版”与学生面对面

通过“点题说理”的方式开展现场交流，既有固定教室的主题化漫谈说理，也有生活场景中的个性化情感互动，有效纾解了学生思想上的痛点、难点、堵点。“现场版”“丙辉漫谈”已累计开展报告380余场，纾解学生困惑1万余条，受众30余万人次，成为学校思政工作的重要载体。

2.“网络版”与学生键对键

积极探索“丙辉漫谈”网络矩阵建设，打造网站专栏，开通网络微博和微信公众号，形成网络思政工作矩阵，确保思想护航到位。通过网

文和线上交流等方式为学生答疑解惑，设置党史、爱国、情感、求职等13类专题，与学生笔谈50余万字，受众3000多万人次。

3.“实践版”与学生肩并肩

坚持将思政“小课堂”和社会“大课堂”有机融合，路丙辉连续20余年担任“三下乡”暑期社会实践指导教师，打造“行走的思政课堂”。路丙辉与学生同吃同住同实践同交流累计200余天，足迹遍布10余个省区市，行程5000余公里。

（三）经验启示

1.精准回应思想诉求，搭建师生双向沟通桥梁

“丙辉漫谈”充分发挥时空方面的随机性、内容选择的灵活性、表达方式的简便性等，坚持与时俱进，牢牢抓住学生的思想实际和身心特点，充分发挥学生的主体作用，搭建师生双向沟通的桥梁，及时回应时代关注，用心回答学子诉求，着力破解学生思想上的“小疙瘩”“小障碍”。通过发放问题卡的形式面向全校学生进行调查研究，广泛征集学生在现实中遇到的困惑和问题，从个性问题中寻找共性，累计遴选出与青年大学生成长密切相关的漫谈主题1000余个，教育引导学生看清事件的发展变化趋势，学会并掌握认识问题、分析问题、解决问题的思路和方法，帮助学生解忧纾困。

2.线上线下联动共育，打造多维度思政育人格局

聚焦平台建设，积极引入新兴数字技术和传播媒介，发挥优秀朋辈的榜样作用，打造了“面对面”的线下平台、“键对键”的网络平台、“肩并肩”的实践平台，形成多平台共育新格局。在网络思政教育中融入社会主义核心价值观，降低负面网络舆论对学生成长带来的消极影响，以句式简短、相对灵活、现场感强的口语化语言，拉近与学生的心理距离，在轻松愉快的氛围中引导学生健康成长，充分发挥教师网络意见领袖的作用，让思想护航“全天候”“不断线”。

3. 丰富思政教育素材，让思政课堂更“鲜活”“走心”

充分挖掘利用中华民族悠久的历史时空和中国共产党百年奋斗历程中孕育出的中华优秀传统文化、红色革命文化和社会主义先进文化等宝贵精神财富，创设沉浸式育人场域，让思想护航“活起来”“火起来”。成立全省首家思政教育情景模拟实验室，将深刻道理融入生动故事，将时政热点导入课堂教学，用虚拟场景投射活动现场，打造了“百年‘船’承，千秋伟业”等一批沉浸式思政大课，深入浅出地将党的创新理论讲清楚、说透彻、弄明白，让学生喜欢听、愿意信、肯践行。

（报送单位：马克思主义学院）

以美育人“艺”心绘，培根铸魂“红”满园

艺术类大学生在一定程度上存在思想政治理论学习热情不足、专业本领突出、文化基础薄弱、思维活跃、自主意识较强等特点。美术学院“红色青春守护人”志愿服务队坚持“艺术+”实践育人模式，让红色种子深植学生心田。

（一）基本情况

“红色青春守护人”志愿服务队成立于2021年，以“传承红色基因赓续红色血脉”为宗旨，深入开展爱国主义教育系列志愿服务活动。400余名青年大学生参与团队已培育的5项品牌活动。截至2024年底，已经绘制英雄事迹绘本12册；录制抗美援朝老兵微视频98节；完成烈士画像400幅，开展送烈士画像回家活动200余场；开展“大手拉小手”系列青春思政课，携手中小学合作开展开学第一课、“英烈文化进校园”等活动60余场；开展助力烈士家乡文化振兴系列活动5场。

（二）特色做法

1. 以美铸魂：红色绘本绘英雄，赓续血脉传薪火

成立“党员志愿者先锋队”，实施“红色基因传承计划”，与沂蒙革命老区、泾县革命老区共建合作基地，依托老区红色资源绘制英雄事迹绘本。已绘制《周井铺村革命故事绘本》《寻淮洲革命故事绘本》等英雄事迹绘本12册，印制并赠送各地中小学5000册绘本。

2. 以美圆梦：画笔为桥连时空，烈士画像寄深情

立足美术专业，圆梦烈士家属，实现一场场跨越时空的相聚。与各地退役军人事务局合作，通过亲属的描述进行烈士样貌的还原。截至2024年底，已绘制烈士画像400幅。完稿并赠送画像300幅，开展了“送王学风烈士画像回家”“送汤聘臣烈士画像回家”等活动200余场，为200多位烈士亲属圆梦。从2023年寒假开始，发布“特殊的寒假作业——走访抗美援朝老兵”活动，100余名志愿者报名参与，走访了98位抗美援朝老战士，记录他们对青年人的寄语，活动事迹受到国防部、退役军人事务部的报道。

3. 以美育人：青春思政进校园，协同赋能润心田

为落实大中小学思政课一体化，携手中小学合作开展开学第一课、“英烈文化进校园”系列活动60余场，录制系列微党课98节。赴临沂市、东营市、芜湖市等地开展爱国主义系列青春思政课，与芜湖广播电视台进行合作，走进演播厅，录制专题微党课34节，分享“红色青春守护人”背后的故事。联合芜湖中小学开展“为烈士碑文描金”活动4场，为云南偏远山区孩子点亮微心愿300多个。走进革命老区泾县，游击斗争区庙山村、吕辉村，为烈士家乡墙体绘制彩绘3000余平方米。将英雄的故事搬上“彩绘墙”，不仅扮靓了村子的“颜值”，也努力绘出了红色热土孕育的“精气神”。助力山东首家抗美援朝烈士事迹家庭展览馆建成。

（三）经验启示

1. 专业赋能：美育与思政相融，激发红色教育活力

充分发挥美术学院学生的专业优势，将红色教育与专业教育相结合，激发美术生的思政学习热情，厚植爱国情怀。

2. 协同联动：搭建多方合作平台，深化实践育人成效

与省退役军人事务厅以及各地政府紧密合作，走访烈士家属，了解烈士事迹，搜集烈士相关信息，制作烈士画像集，将烈士画像按照地域进行分类整理，彰显烈士整体地域性红色血脉。

3. 守正创新：严把意识形态关，确保红色基因传承

“烈士画像”团队所绘制的画像、绘本、黑板报、墙绘以及拍摄的老兵故事视频等作品，均需要得到烈士家属的认可，由各地政府宣传部门和退役军人事务局进行最终审核，对于不同年代的烈士服饰和意识形态领域的相关问题邀请专家进行审核。

（报送单位：美术学院）

“志愿微光”传薪火，青春筑梦育新人

大学生思想政治教育是落实立德树人根本任务的必然要求，是关乎国家命运、个人成长的系统工程。历史学院将思想护航贯穿人才培养的全过程，在传统课堂教育之外，以志愿服务为抓手，构建生动的教育情境、激发学生的自我教育动力、坚定学生的理想信念，让思想护航更贴合大学生全面发展的内在要求，培育有理想、敢担当、能吃苦、肯奋斗的时代新人。

（一）基本情况

历史学院开展思想护航工作以来，着力构建以基层党支部为引领，各学生组织紧密配合的多元化、立体化的思想护航体系，大力调动学生

参与思想护航的主动性，取得了学生理想信念坚定明确、学院思想政治成果突出、专题教育活动形式多样、思政活动品牌不断凸显的成效。2个学生党支部获评安徽省第二批“全省高校党建工作样板支部”并提交中期建设报告，9支志愿服务团队拥有400余名在校志愿者，年度志愿服务时长累计6312.7小时。学院获评安徽省青年志愿者协会颁发的“志愿汇之星”优秀组织奖，“志愿服务小课堂”入选省委宣传部“书香安徽”全民阅读系列推荐活动，文化育人项目在第七届安徽省青年志愿服务项目大赛中获铜奖，志愿服务队获评弋江区“全民阅读服务先进集体”“爱心助残组织”。饶少旗同学获评第20届“师大骄子”十佳大学生标兵，姜静娴等3位同学获评第11届“爱暖师大”优秀青年志愿者。省级、市级志愿服务类奖项比去年多了4项。

（二）特色做法

1.党建引领：支部领航+骨干聚力，构建全方位护航网络

在思想护航中，强化学生党支部的引领作用，紧密团结班委会、团支部、学生会、研究生会等学生骨干，构建一支工作能力强、覆盖面广、主动性高的思想护航团队。凭借其贴近学生的优势，充当思想教育的组织者与实施者，有效增强了思政教育的针对性与实效性。

党支部通过组织党课、积极分子教育大会、理论宣讲等活动，向学生传达党的最新理论与政策，增强学生的政治意识，提升学生的政治素养，引导骨干贴近学生。学生会、研究生会通过师者漫谈、知远面对面、成长沙龙、主题征文等活动，使得思想教育工作更加贴近学生实际，更加具有针对性和实效性，也让学院能够更好地把握学生的思想动态。

2.双轨并行：室内铸魂+户外践行，打造立体化育人模式

在思想护航中，高度重视室内的理论学习与研讨，同时开展户外的实践教育，构建教育闭环。室内活动为学生提供了理论基础，而户外活动则让学生将理论应用于实践。

（1）室内学习：通过主题班会、专题研讨、集中观影、参观纪念馆

等形式，全年深入学习贯彻党的二十届三中全会、全国教育大会、习近平总书记考察安徽重要讲话精神。此外，开展各类思想教育主题班会、团日活动150余次，院级层面开展新生入党、感恩教育、“六个文明”教育、升旗仪式等主题活动10余次，覆盖全体学生。

（2）户外实践：打造日常志愿服务和暑期社会实践“行走的思政课堂1+3+3”实践育人新模式。年度志愿服务时长累计6312.7小时。此外还开展抗美援朝口述史调研、“简明历史小课堂”志愿活动、赴烈士陵园开展祭扫活动等。

在室内+户外的护航路径下，形成输入式学习与输出式实践密切配合的教育闭环，一方面通过各种教育活动，为学生提供丰富的“思政营养”。另一方面，鼓励学生将所学所思转化为实际行动，通过线上宣讲、主题研讨、撰写论文等方式，强化了学生的主体意识，激发了学生的主动性和创造性，使学生成为思想护航行动的参与者和推动者。

（三）经验启示

1. 朋辈引领：互助共进，激发思想护航内生动力

注重培育学生的朋辈意识，鼓励学生之间互相帮助和共同提升。通过举办师者漫谈、知远面对面等活动，学生可以在相互交流与合作中共同进步、共同成长。

2. 身份认同：党员带头，强化思想护航示范效应

在思想护航中，除了党员之外，还需发挥好入党积极分子的带头作用。通过组织党员和入党积极分子参与思想教育活动，发挥其在学生中的引领作用，增强学生的身份意识。

3. 主体激活：从被动到主动，推动思想护航全员参与

学院致力于将学生从被动的学习者转变为主动的参与者。通过开展形式多样的教育活动，激发学生的学习兴趣和参与热情，使学生从被动接受知识转变为主动探索和吸收知识。

（报送单位：历史学院）

熔铸强军报国志，锻造新时代“精兵”

为积极响应国家强军兴军号召，推动国防教育与青年成长深度融合，体育学院以习近平强军思想为指导，立足学生专业特点与部队校友的资源优势，探索形成“教育赋能、精准动员、军地协同”的工作模式。通过强化思想引领、优化服务保障、创新实践路径，有效激发大学生参军报国热情，为国防事业输送高素质兵员。

（一）基本情况

体育学院始终将国防教育作为人才培养的重要组成部分，紧紧围绕“思想引领、宣传动员、典型示范、持续保障”四项核心举措，扎实推进征兵工作。通过建立完善的工作体系，将征兵工作纳入学院人才培养和毕业生高质量就业计划，严格落实“一把手”工程，形成了全员参与、家校联动、军校协同的工作格局。体院学子携笔从戎蔚然成风，为学校征兵工作的顺利开展做出了积极贡献。近5年，体育学院共有102名同学应征入伍，分别为：2020年15名同学、2021年12名同学（其中9名毕业生）、2022年18名毕业生、2023年22名毕业生、2024年35名毕业生。

（二）特色做法

1. 思想铸魂：站位高远育精兵，把好强军报国方向

成立以书记、院长为组长，分管学生工作领导为副组长的体育学院征兵工作领导组，院党委会每学期专题研究和推进大学生应征入伍工作。学院站在为党育人、为国育才高度，把应征入伍工作作为培养大学生爱国主义思想政治教育的重要阵地，将其纳入学院人才培养和毕业生高质量就业体系，形成了院主要领导把好政治关、分管领导牵头制定方案、院团委和专业负责人协同育人、专业教师精准为学业护航、辅导员全方位落实的工作闭环。

2. 宣传聚力：多阵地多形式，激发学生参军报国热情

学院通过每年的迎新现场大学生士兵风采图片展、新生入党启蒙教育、国旗下的思政课、党校培训、学生干部培训、实习暨就业动员大会、实习总结暨就业工作推进会、学生年度表彰大会、学工委专题会议等形式，宣传新时代国防建设取得的丰硕成果。围绕发展和安全讲授当前国际环境和建设世界一流军队的迫切性等相关知识，融合专业特色深入解读镜湖区人武部领导总结的“当兵的十大好处”。各班级召开征兵宣传主题班会，邀请退役复学的优秀大学生士兵进行征兵宣讲，认真落实学校人武部预征兵报名和后续的教育、培训、服务工作。全力协助学校做好2025年安徽省学生军事训练和国防教育培训班工作，邀请东南大学马克思主义学院陆华教授来校为体院学子作国防教育专题讲座。

3. 典型引领：榜样示范树标杆，点燃强军报国梦想

体育学院2011级运动训练专业余小雪，2012年应征入伍后入选为陆军首批女子特战队队员，先后获得“全国巾帼建功标兵”等诸多荣誉，是电视剧《火凤凰》中特战女兵的原型，被誉为“军中虎妞”，现任陆军某部特种作战旅干部，担任福建省政府、安徽省政府征兵宣传形象大使；2016级社会体育指导与管理专业蔡张飞于入学当年入伍，2018年退役复学，其在部队和复学后表现优异，荣获2019年度“中国大学生自强之星标兵”称号。学院每年都邀请余小雪、蔡张飞为同学们进行征兵宣传，对我院征兵工作的顺利开展做出了积极贡献。

4. 全程护航：军校联动强保障，打通入伍成才通道

2021年，学院分管领导到余小雪所在部队回访，和部队领导探讨提高其学历层次途径；2023年，学院赴无锡部队回访2023级体育教育专业毕业生刘泽涛，和部队领导协商解决其学业、组织发展和提干遇到的实际问题；学院2023年出台《体育学院学生就业工作实施办法》，对应征入伍的毕业生给予精神和物质奖励。近年来，特别是学校实施护航计划以来，学院协助校人武部、教务处等部门全力做好大学生应征入伍过程的思想、学业、生活护航工作，尽最大努力让有入伍意愿的符合条件

的毕业生没有后顾之忧，都能顺利应征入伍。

（三）经验启示

1. 组织强基：统筹谋划抓设计，构建全员参与格局

将大学生应征入伍工作纳入人才培养和毕业生高质量就业体系，严格落实征兵工作“一把手”工程，通过建立宣传、预报名、帮扶、激励工作体系，激发学生的应征入伍内在动力，做到师生和家校之间同频共振、同向发力、全员行动，共同打好征兵工作护航“组合拳”。

2. 服务增效：全程跟踪强保障，护航学生建功军营

把毕业生应征入伍工作放在更加突出位置，全面分析毕业生的参军意向并建立台账，做好入伍前的家校联动和入伍后的军校联动工作，激励有应征入伍意愿的同学入伍前在校努力完成学业、入伍后在部队建功立业。

3. 节点突破：紧抓关键促落实，激发参军报国动力

紧抓征兵工作“关键期”，在新生入学教育阶段播下应征入伍的种子，在毕业季持续发力，多频次、多形式、多维度与学生及家长沟通交流，促进学生坚定应征入伍意愿并建功军营。

（报送单位：体育学院）

以社区“四个”讲堂奏响理想信念“最强音”[①]

习近平总书记强调：“坚定理想信念是终身课题，需要常修常炼，要信一辈子、守一辈子。”为切实教育引导广大青年学子听党话、感党恩、跟党走，安徽师范大学紧紧围绕立德树人根本任务，以“理响·社区”理论宣讲团为载体，用理论知识熔铸青年担当，用青年之声发出时代强音，打造了实体讲堂、互动讲堂、行走讲堂、示范讲堂“四位一

① 本案例获评全国高校“一站式”学生社区风采展示优秀成果。

体”的“一站式”学生社区讲堂，让思想引领“动”力十足，打通了社区学生理想信念教育的“最后一公里”，深入推进“时代新人铸魂工程”。

（一）创建“移动式”多元空间，让社区成为理论传播的实体讲堂

以“创新平台”创新载体建设，学校坚持以高质量党建引领“一站式”学生社区高质量建设，将学生社区打造成为党团建设前沿阵地、思政工作重要领地，依托丙辉漫谈、雷锋驿站、心悦小筑、π空间等学生社区平台，让理论宣讲与社区建设“同频共振”。以“动态场景”助力场域延伸，通过“移动”宣讲开展“习近平总书记与大学生在一起”学习分享会、“学习二十大　奋进新征程”主题宣讲会等活动，将思想政治教育主题活动融入社区、楼宇、寝室等学生学习生活的基本单元，不断拓宽教育覆盖面。

（二）打造“浸润式”情境宣讲，让社区成为师生共创的互动讲堂

强化内容设计，“党的知识小课堂”“党的理论我来讲”“党的精神伴我行”等特色宣讲活动，将学生社区文化建设特色和社区学生成长发展需求融入主题教育活动内容设计，让宣讲走“新”又走“心”。打造文化长廊，“老场景”焕发“新思想”，设立一院一品“文化墙”“展示墙”等红色文化长廊，以政治思想铸魂、红色文化润心，为党团组织活动、师生研讨交流、学习阅读和心理疏导等提供育人场域，在潜移默化中传扬红色文化。坚持名师导航，充分发挥学校领导和老师的领学促学作用，牢牢抓住入学、毕业、军训、重要节日和重大活动等育人关键节点，进社区组织“教授面对面”“教授有约”等“互动式”理论微宣讲，在对学生的“沉浸式”教育过程中，增强思政文化育人实效。

（三）构筑“体验式”红色之旅，让社区成为载体丰富的行走讲堂

在宣讲演绎上，变“宽泛讲”为“用心悟”，根据每个社区、单位

的具体情况，针对不同受众群体的个性化需求，量身定制路线和宣讲方案，举行“经典共读”读书报告会、“党旗红”系列微党课，力争为每位听众带去一场视、听、感、思的立体化宣讲体验。在宣讲方式上，变“纸上学”为“脚下做”，“金苹果科普”“团结花开”等品牌学生宣讲团队通过“理论+宣讲”“理论+走访”等形式，在社会实践的大舞台上深入红色基地，以“行走”的“田间”宣讲，推动“理论课堂”向“体验课堂”延展，让理论宣讲落地生根，真正“走”起来。

（四）选树“引领式”榜样典型，让社区成为辐射带动的示范讲堂

以学生党员宣讲员为主体，“手拉手”，利用党员带群众，通过“随风潜入夜”的教育带动和“润物细无声”的思想引领，实现思想提升、资源共享、协同发展的社区新格局。以优秀学生党员事迹为主线，组建“π小灶”“青春导航”先锋队，宣讲先进事迹，实现同学帮扶，发挥学院优秀大学生朋辈影响力，在学生社区激发学生自我内驱力，引领越来越多的大学生竞相成为党的理论“代言人”。以特色宣讲品牌为主导，依托“红色之声”“理响物电”等品牌理论宣讲团，进驻“一站式”学生社区，精心设计“校园深处的红色印记”“小巷深处的红色印记”“‘强国号’学习贯彻习近平新时代中国特色社会主义思想”宣讲专题，以进区送学、宣传讲学让青年红色声音更加响亮。

安徽师范大学依托“一站式”学生社区平台，以“四个讲堂”助推理论宣讲“红色引擎”，齐心协力打造大学生红色理论宣讲中心阵地，让党的创新理论在学生社区中“落地生花”。近3年来，开展理论宣讲300余场次，依托社区理论宣讲活动，获批安徽省高校“三全育人”综合改革和思想政治能力提升计划项目2项；社区辅导员获安徽省辅导员职业能力大赛、主题班会大赛、微团课比赛最高奖5人次，获评安徽省最美辅导员2人、全国辅导员年度人物提名奖和入围奖1人。

（报送单位：物理与电子信息学院　学生处）

学习护航——启智润心强基础，笃行致远展宏图

“学习护航”是我校大学生护航计划的重点环节，旨在以“学业+就业”双轨并进为路径，通过分层分类指导、资源精准供给和全周期动态管理，构建“教学—帮扶—发展”三位一体的成长支持体系。确保学业困难有帮扶、职业迷茫有引导、就业需求有保障，全面提升学生核心竞争力与可持续发展能力，为人才培养质量提供系统性护航。

高校不仅是知识传承的智慧高地，更是创新实践能力培育的核心场域。“学习护航”是深化教育教学改革、落实立德树人根本任务的重要实践，是贯穿、融入学生成长全周期的战略路径，既为青年学子锚定成长坐标，又为国家战略输送知行合一、敢闯会创的生力军，为培育担当民族复兴大任的先锋力量注入持久动能。

《全员促进就业，升学就业双丰收》案例通过“全员促就业”工作，使本科生升学率达25.8%，较2023年提升3.5%，其中新闻学专业升学率达34%，创历史新高。全体毕业生100%如期毕业，毕业去向落实率达95.32%，排名学校前列。学院强化组织领导、精准指导、考研保障、就业服务，全面护航学生求职就业，成效显著。

《精准护航数学，通过率、考研录取率双提升》案例组织教师开展数学类课程课后辅导与答疑，显著提升了课程通过率与考研录取率。通过集中辅导与课后答疑相结合，以及暑期学业强化营等举措，有效降低了学生挂科率，为经济管理类专业学生提供了坚实的数学基础支持，助力学生考研升学。

《多方联动护航，学业困难生显著减少》案例聚焦护航计划，通过选课辅导、考前辅导、精准辅导和日常辅导等多方联动机制，分类开展学业困难学生帮扶。2024年未修满学分学生较上年减少8人，学业困难学生得到有效帮助。学院强化责任意识，精准施策，形成帮扶合力，助

力学生成长成才。

《坚持协同育人，落实率、满意度双高》案例实施就业护航行动，毕业生初次去向落实率达94.28%，其中本科生92.17%，研究生99.02%，就业质量和满意度显著提升。学院全员参与、访企拓岗、精准帮扶、全程指导，构建起全方位、多层次的就业服务网络，有效应对就业严峻形势，推动就业一体化发展。

《四维协同施策，就业考研双突破》案例围绕立德树人根本任务，通过注重引领、细化服务、氛围营造和个性指导等四维协同措施，实现了就业率和考研录取率的双突破。2024届本科生就业率95.19%，考研升学率39.90%，均创近5年最好成绩。学院精准掌握学生数据，协同联动育人力量，全程跟进学生状态，有效破解就业难题。

《朋辈辅导助力，通过率显著提升》案例成立“手拉手”朋辈学业辅导先锋队，通过高年级优秀学生与低年级学生之间的“一对一”或“一对多”辅导模式，有效降低了挂科率。2023级本科生较2022级挂科人数从59人下降到29人，成效显著。学院确保匹配精准度、反馈时效性，搭建交流平台，促进学生综合素质提升，构建良好学习生态。

《三搭建促成长，学科竞赛成果显著》案例通过搭建交流平台、实践平台和指导平台，全面推动学科竞赛与创新创业活动，实现了6个专业学科竞赛覆盖率100%，超2500人次参与，收获30余个国家级、280余个省级奖项。此举不仅营造了良好的学科竞赛氛围，还提升了学生的综合素质与能力，形成了因材施教、梯队培养的良好局面。

《组合拳促就业，升学就业双提升》案例针对就业难题，采取全员联动、联盟协同、跟进式助研和精准施策的组合拳策略，学院考研录取率达43.33%，初次去向落实率达95.83%。通过优化就业服务，学院有效应对了考研国家线达线率高，但一志愿院校专业达线率低的问题，助力学生高质量就业。

《守护网助学困，学业预警人数大幅下降》案例针对学业困难学生，建立健全学业预警机制，通过学情调研、家校合作和朋辈互助等措施，实现了学业预警人数的大幅下降。2024年度学业预警人数由168人降至124人，2024届本科毕业生毕业率99.38%。学院凝聚多方力量，共织学困生成长“守护网”。

《三优举措护航，考研录取率创新高》案例通过全面推进考研动员、优化考研实施方案和关爱考研学子日常等三优举措，有效提升了考研录取率。2024届考研（保研、出国/境）录取率达57.54%，创学院历年新高。学院领导、专业教师、辅导员等多方协同，为考研学生提供了坚实保障。

《全员精准帮扶，就业落实率显著提升》案例通过加强党政联动、夯实专业基础、全员参与就业和科学分层分类指导等措施，显著提升了毕业生就业去向落实率。2024届毕业生初次毕业去向落实率为94.81%，考研录取率为45.43%，较上年均有提升。学院获评就业工作先进单位，实现了就业工作的精准帮扶和稳就业目标。

《全员服务护航，就业率稳居前列》案例秉持“就业工作全员化，就业服务全覆盖，生涯指导全阶段”的理念，通过精心指导、精准辅导和精心疏导等措施，全力促进学生就业。派遣去向落实率达82.69%，初次去向落实率达95.05%，学院连续4年获评学校就业工作先进单位。

《深入实施“三大行动”，让书香浸润校园》案例聚焦“书香浸润青春，阅读启航人生”目标，实施师生共读、名家领读、行走悟读三大行动。通过建设读书打卡新地标、打造同书共读新常态、建立线上线下新场域，营造“爱读书”氛围；以高端讲座、理想信念、大家推荐为引领，形成“读好书”风尚；在报告宣讲、“行走的思政课”、志愿服务中，提升“善读书”素养。活动吸引众多师生参与，成效显著，助力立德树人、专业成长与社会服务。

全员促进就业，升学就业双丰收

高校毕业生就业工作事关党的教育方针落实落地、就业优先战略的贯彻落实和社会大局安全稳定，是必须时时放心不下的“国之大者”。抓好毕业生就业工作，是落实立德树人根本任务、推进事业改革发展的必然要求，是深入实施护航计划、切实提升人才培养质量的必然要求，是守护毕业生及其家庭幸福底线的必然要求。

（一）基本情况

2023年9月以来，新传学院学工委深入分析历年来学院各专业毕业生就业情况，深入查找就业工作的不足，针对推进就业工作合力不足、个别专业延毕率高的问题，制定学院2024年全员促就业工作实施方案，凝聚师生合力，建立“就业护航编队”，全员护航2024届毕业生身心安全和毕业去向落实工作。

“全员促就业”工作开展以来，成效突出：

（1）本科生升学率再创新高。2024届本科生升学率达25.8%，实现学院本科生升学率四连升，较2023届提升3.5%，其中，新闻学专业升学率达34%，创历史新高。升学质量进一步提升，升学985、211高校占比62.3%，1人考取北京大学。

（2）全体毕业生实现如期毕业。学院针对毕业班“学困生”及“学业预警生”，以辅导员和导师为主导，深入推进一对一、点对点学业帮扶，实现了384名本、硕毕业生100%如期毕业。

（3）毕业去向落实率取得新进展。学院2024届毕业生毕业去向落实率达95.32%，排名学校前列，无安全事故，学院获评2023—2024学年就业工作先进学院和就业目标达成奖。

（二）特色做法

1.强化组织领导

（1）建好联系推进机制。成立以院党委书记、院长为组长，全体院领导班子为成员的就业工作领导小组。建立院领导分工联系相关专业，辅导员、专业主任协同配合的就业工作推进机制。成立以院党委副书记为组长的就业工作小组，建立毕业班辅导员、毕业班党员、推免生、主要学生干部直接对接其他同学的就业工作联系机制。

（2）建好会商推进机制。学院党政联席会议定期研判、推进就业工作，统筹好人、财、物对就业工作的支持。每月召开一次就业工作推进会，推动全院行政人员、专业教师、师生党员协同发力。

（3）建好集中调度机制。副书记每两周集中调度一次就业工作推进情况。毕业班辅导员每周调度、汇总一次就业最新进展情况。

2.强化精准指导

（1）精准掌握数据。调研、梳理出全体本科生就业意向，做好数据分析，做到数目清、意向明。

（2）精准掌握政策。就业工作小组全体成员加强就业政策学习，精准掌握和分析相关地区人才引进政策，精准掌握就业签约流程，及时传递到相关学生。

（3）精准分类指导。分类建立考研、就业指导群，邀请相关专业教师、往届考研就业典型入群，加强考研心理疏导，加强就业观念引导，加强就业能力指导。

（4）精准推送信息。全年为毕业生“点对点”精准推送就业信息20多次。

3.强化考研保障

（1）备考阶段，充分做好考研动员、分类指导、慰问疏导。院党政班子成员、辅导员、专业主任参与开展考研动员、指导、慰问5次。

（2）冲刺阶段，着力加强心理疏导和临考指导。进行坚定信心的思想引导、复习应试的方法指导、情感心理的关怀疏导，尤其是考试前后的相关提醒和关注。

（3）复试阶段，深入做好复试指导和调剂帮扶。初试成绩公布后，辅导员第一时间掌握初试情况，做好数据分析和复试情况研判，对直接进入复试的同学邀请专业教师加强复试指导，对已过线但未能进入复试的同学调动一切资源帮助学生调剂，对未过线同学要及时进行心理疏导，调整其就业观念，帮助其积极就业。

4.强化就业服务

（1）组织好线下招聘会。坚持“走出去”和“引进来”相结合的方式，全年组织小型专场招聘会15场，全面推进“访企拓岗”促就业工作，访问企业11家，送毕业生到就业单位8次。

（2）做好网上就业服务。积极利用互联网开展形式多样的供需对接，深度关注国家大学生就业服务平台、教育部新职网、学校就业服务网、学校招生就业微信公众号等平台，及时收集整理相关就业信息。用好学院网站、微信公众号等途径，及时发布就业信息。

（3）加强就业实习基地建设。新建就业实习基地5个，为毕业生提供高质量实践锻炼和高质量就业机会。

（三）经验启示

1.支持保障到位是基础

学院注重加强资源调配，强化就业激励机制建设，列出专项经费奖励就业工作先进个人、支持推进就业工作。做好求职创业补贴统计发放工作，完善学院就业招聘工作机制，为招聘单位提供便利的招聘场地和设施。

2.教育引导到位是核心

学院全面凝聚就业工作合力，全院教师统一了思想认识，全力推进就业工作，养成了见到学生就关心就业的习惯，定期与学生对话，教育引导学生转变就业观念。加强了氛围舆论营造，以考研光荣榜、就业光荣榜等形式鼓励学生尽快落实就业单位。

3. 指导帮扶到位是关键

学院持续推进全员、全程、全方位关怀指导，关心学生实习情况，指导学生在实习中提升就业技能，把握实习期间的就业机会。毕业班辅导员持续做好签约流程和就业注意事项的专门指导。

（报送单位：新闻与传播学院）

精准护航数学，通过率、考研录取率双提升

在加快推进教育现代化、建设教育强国的时代背景下，数学学科在新商科人才培养中的作用日益突出。经济管理学院各专业均开设了数学类课程。为切实提高相关课程学习效果，学院组建了由专任教师组成的课程辅导小组，实施“精准护航”，打通数学类课程学习“最后一公里”。

（一）基本情况

2023年12月以来，经济管理学院组织开展大学生数学类课程的学业护航工作，邀请5名专业课教师在天门山校区、花津校区同步开展数学类课程课后辅导与答疑，累计开展数学类课程集中辅导20余场次，覆盖学院本科生1000余人次。集中辅导之余，学院面向高年级、重点学生开展一对一数学指导，分类施策，切实提升护航效果，课程通过率与考研录取率均得到提升。

（二）特色做法

1. 组织学院专业教师开展数学类课程辅导

“高等数学”“线性代数”“概率论与数理统计”是经济管理类专业重要的公共基础课，经济管理学院全部专业均开设上述数学类课程。由

于经济管理学院本科文理兼招，部分本科生反映数学类课程学习难度大，学院本科生数学类课程挂科率相对较高。与此同时，数学类课程在低年级开设（主要是前三学期），该类课程挂科将直接影响学生后续学习效果和信心。然而，“高等数学”“线性代数”“概率论与数理统计”并非经济管理学院开设的课程，为提高学院本科生数学类公共课程学习效果，学院组建了由院内专任教师组成的学业护航小组，面向学院本科生开展课程期末集中辅导、暑假小学期辅导，全面护航学生学业和考研升学。（见下表）

学院数学类课程学业辅导工作组

序号	负责人	专业	学位/职称
1	刘树利	数字经济专业（教工党支部书记）	博士/副教授
2	方昶	供应链管理专业（教工党支部书记）	博士/副教授
3	郭倩	供应链管理专业	博士
4	潘雪艳	金融工程专业	博士
5	魏晓雪	金融工程专业	博士/副教授

2. 集中辅导与课后答疑相结合

在课后辅导形式上，学院采取集中辅导与课后答疑相结合形式。其中，集中辅导面向课程班级全体学生，通过系统性复习、讲解和模拟考试等形式，旨在夯实全部学生的数学类课程基础，提高学生学习效果和数学类课程通过率。除集中辅导之外，考虑到个别学业困难学生、特殊情况学生的需要，通过辅导员搜集学生们个性化、一对一答疑需求，工作组老师会在指定时间、指定地点为学生们答疑解惑，进一步强化他们的数学类课程学习效果。

3. 开展暑期学业强化营

由于数学类课程是经济管理类专业考研的重要课程，为提高高年级学生的数学类课程学习效果，学院2024年暑期开设学业强化营，重点由工作组老师面向报名同学开展“高等数学”“线性代数”“概率论与数理统计”辅导，夯实基础、拔高难度、面向考研，为学院高年级同学数学类课程复习提供服务。

（三）经验启示

1.整合有限资源，提高护航效果

经济管理学院作为非数学类学院，并不具备独立开展数学类课程教学的能力，然而，数学类课程是经济管理类专业的重要基础课程，经济管理专业的很多青年博士都具有扎实的数学基础，甚至具有一定的数学分析研究能力，因此，学院整合相关师资，开展有针对性的辅导工作，提高护航效果。

2.统筹设计方案，协同推进护航

在护航方案设计过程中，需要充分结合学生学业需求，统筹好学生端与教师端，充分调动教学和辅导员团队，形成护航合力，在辅导课程安排、辅导时间安排、辅导对象安排上，需要教学和辅导员团队协商研究，面向重点同学还需要进行个别动员，保证护航全覆盖。

（报送单位：经济管理学院）

多方联动护航，学业困难生显著减少

学生学业发展是高校人才培养的核心环节，关乎每一位学子的未来与成长。音乐学院深入贯彻护航计划，立足学院专业特色与学生需求，积极探索精准施策、多方联动的学业帮扶模式，全力保障学生学业进步与全面发展。

（一）基本情况

音乐学院通过建立学业预警机制、开展学业辅导、强化家校协同、优化学风建设等多维度举措，为学生学业发展筑牢根基，立足学科特点和专业特色，发挥辅导员、专业课教师、专业负责人和家长等多维力量。通过学业预警，课程通过率提升20%，每学期为学业困难学生提供超过300课时的辅导课程，覆盖重点专业课程，参与辅导的学生中，超过80%在补考中取得了合格成绩。

（二）特色做法

1.做好选课辅导，守住毕业底线

针对2024届和2025届毕业班学分未修满学生开展一对一帮扶，建立学业预警学生护航台账，辅导员、学院教学办、学校教务处多方合力，实行“橙色、黄色、红色”三级预警机制和“一日一消”制度。在2023年秋季学期至2025年春季学期帮扶2024届和2025届61名学生完成必修课选课、72名学生完成选修课选课、11名学生完成第一学期课程开课申请。截至2025年3月底，2025届本科生3人未完成选课申请，2024届本科生2人未修满学分，较2023届减少12人。同时，2023届结业率6.7%，毕业率93.3%；2024届结业率4.8%，毕业率95.2%。跟学赶超氛围日渐浓厚。

2.做实考前辅导，聚力补考帮扶

每学期开学初，各年级辅导员针对本年级学业困难学生情况，开展一对一谈话，梳理学生学业困难原因，结合学院学业困难学生学业帮扶计划，有针对性地开展学业帮扶。学院安排数十位任课教师和推免学生开设考前小课堂，安排学业辅导，针对“中国音乐史”“西方音乐史”“外国民族音乐”等重点专业必修课程，聚焦课程重点知识和考试重点难点，进行知识串讲与集中答疑。邀请马克思主义学院教师针对“马克思主义基本原理概论”“习近平新时代中国特色社会主义思想概论”等思想政治理论课程开展讲解与辅导。本科各年级对照补缓考名单，一对一盯紧重点学困生的课堂出勤情况，鼓励他们把握住机会，在考前有的放矢，争取最好结果。

3. 做细精准辅导，实现参军梦想

2024届音乐学（师范）专业有两名同学申请入伍，在学业方面，学院科学统筹，精心安排，寒假期间提前安排教研室主任、专业负责人指导两名同学毕业论文，组织教研室提前开展论文答辩，为学业基础较差的同学安排专任老师一对一辅导，在学校文件政策范围内，为课程存在挂科现象的同学，提前安排补考。用心用情，打通2024届毕业生参军入伍“最后一公里”。

4. 做优日常辅导，形成多方合力

学院进一步强化责任意识，精准施策帮扶，学院领导班子成员、专任教师、辅导员三级联动，分别与学业困难学生开展结对帮扶，形成帮扶合力，全力做到不让一个人掉队。各班级以“端学风，正态度，学本领，长才能”为主题，开展学风建设班会，从思想上认识到优良学风对个人成长成才的重要性。在每间教室的墙面上均设置了手机收纳袋，倡导“文明课堂，手机入袋”风尚，保证学生上课“抬头率”。坚持问题导向原则，开展学业预警工作，优化学情沟通反馈机制，全面掌握学生的思想动态和学业困难情况，加强与任课老师及家长的联系，针对学业困难学生等特殊群体，建立问题台账，实行“一人一档”管理，做到家校共建、共育、共管，激发育人合力。

（三）经验启示

1. 重点把握“及早介入”与“动态纠偏”

做到“关口前移”，在新生入学教育时让学生深刻认识到学业的重要性，邀请专业教师进行专业宣讲，组织开展新生见面会和优秀学子经验交流会，帮助新生树立专业认同，培养学习兴趣，引导学生合理规划大学生活。

2. 统筹协调“人性关怀”与“专业指导”

帮助学生优化学习状态和习惯，设定固定学习时间，养成良好习惯，同时传授多种学习方法，鼓励学生尝试找到最契合自己的模式。通过职业规划、就业指导等课程，引导学生做好系统的职业生涯规划；通过“知己—知彼—决策—调整”，引导学生逐步树立正确的择业观和就业观。

3. 着力推进“多维平台”与“协同育人”

一是要了解学生家庭与学生个性，拉近家校心理距离，发挥亲情育人作用。二是辅导员与任课教师密切合作，共享信息，解决教学与学生工作脱节问题，建立会晤机制，相互反馈学生情况，协同帮扶学生。三是与学院教学办、学校教务处紧密合作，相互支持，突破条块分割困境，在学困生帮扶中形成合力。

（报送单位：音乐学院）

坚持协同育人，落实率、满意度双高

就业是民生之本，是高校人才培养成果的重要检验标准，更是关乎学生个人发展与社会和谐稳定的关键环节。音乐学院深入学习贯彻党的教育方针，始终将毕业生就业工作作为人才培养的重要环节，立足学科特色与社会需求，积极探索就业工作新路径。

（一）基本情况

2024届毕业生共332人，其中本科生230人，研究生102人。在前期的就业意向摸排中，学生的就业意向较为集中，考编制教师占据一半的比例，但近年来音乐教师的编制少之又少，就业竞争压力较大，同时部分学生存在就业目标不明确、职业规划意识淡薄等问题，2024届毕业生就业工作较为严峻。为此，学院精心谋划、全面部署，全力开展就业护航行动，最终毕业生初次去向落实率达94.28%，其中本科生92.17%，研究生99.02%，在就业质量和就业满意度方面均取得显著成效，学院就业工作迈上新台阶。

（二）特色做法

1.全员参与，筑牢就业根基

学院书记、院长深度参与就业工作全过程，定期组织就业工作专项会议，召集系主任、骨干教师、毕业班辅导员等共同商讨就业形势与应对策略，制订详尽的就业工作计划。充分调动教职工积极性，鼓励教师积极拓展就业资源，为学生推荐就业机会。通过举办就业专题讲座、一对一咨询辅导等，引导学生树立正确的就业观与择业观，构建全方位、多层次的就业服务网络。

2.访企拓岗，拓宽就业渠道

积极与省内外多家文化艺术企业、演出团体、教育机构等建立紧密合作关系。邀请企业走进校园，开展各类就业指导活动，如举办行业发展讲座、求职面试技巧培训等，帮助学生深入了解市场需求与行业动态；举办春季校园招聘会和多场小型专场招聘活动，为学生搭建丰富多样的就业平台，精准推送就业岗位信息，实现人才供需的高效对接。

3.精准帮扶，助力重点群体

针对家庭经济困难、就业困难以及身体残疾等重点群体毕业生，制定《2024届重点群体毕业生就业帮扶方案》，全面摸底排查，建立“一人一档”信息库，精准掌握每位学生的就业困难点和个人意愿。学院领导、专业导师、党员教师等与重点学生结成帮扶对子，实施“一生一档一策一队”帮扶措施，从简历制作、面试技巧培训到岗位推荐、心理疏导等方面给予全方位支持。例如，为家庭经济困难学生提供求职补贴和交通住宿补助，减轻其求职负担。通过持续的精准帮扶，确保重点群体毕业生就业不掉队，实现充分就业。

4.全程指导，护航考研升学

为考研学生提供全程跟踪指导服务。在考研准备前期，邀请研究生招生负责人来院举办招生政策宣讲会，详细解读招生政策、专业设置和录取要求，帮助学生合理选择报考院校和专业方向；备考中期，组织开展考研专业课辅导答疑、学习方法指导等活动；复试阶段，及时为学生提供调剂信息和推荐机会。

（三）经验启示

1.强化组织领导，凝聚工作合力

“一把手”工程的有效落实是关键因素，通过明确责任分工，建立高效的就业工作组织架构和健全协同机制，实行就业半月会商制，对就业推动不力者进行约谈，形成全院上下共同关注、共同参与就业工作的良好氛围，汇聚就业工作前进的强大合力。

2.深化校企合作，优化资源配置

积极拓展与用人单位的合作深度和广度，实现学校教育与社会需求的无缝对接。借助企业的行业经验和市场资源，为学生提供更具针对性和实用性的就业指导与职业发展支持，提升学生的就业竞争力和职业适应能力。

3.实施精准帮扶，彰显人文关怀

关注重点群体毕业生的就业需求，体现了教育的公平性和人文关怀。通过精准识别、精准施策，提供个性化的就业帮扶服务，帮助学生克服困难，实现就业梦想，在促进社会和谐稳定的同时，也提升了学院就业工作的整体质量和社会声誉。

4.把握关键节点，提升服务效能

在毕业生就业的各个关键阶段，如求职准备期、考研复试期、招聘高峰期等，及时、精准地提供指导和服务，满足学生在不同阶段的特定需求，提高就业服务的针对性和实效性。通过与学生的密切沟通和互动，帮助他们更好地把握就业机会，做出明智的职业选择，推动学院就业工作高效开展和就业质量稳步提升。

（报送单位：音乐学院）

四维协同施策，就业考研双突破

促进大学生充分就业是关乎社会稳定、经济发展和国家战略的重要议题。历史学院把本科生考研、就业作为年度重点工作，通过构建完善的就业指导体系、强化校企合作、落实落细就业帮扶等举措，全方位保障本科生高质量就业，推动就业工作取得实效。

（一）基本情况

历史学院围绕立德树人根本任务，深入推进三全育人，抓学风、促教风，全方位保障本科生就业。2024届本科生共208人，其中历史学（师范）专业176人，世界史专业32人。截至2024年8月30日，学院2024届本科生整体毕业去向落实率为95.19%，较去年提升9.62个百分点；考研录取率为39.90%，较去年提升5.07个百分点；就业重点关注群体8人，就业率为100%，创造了学院本科生近5年就业与考研最好成绩。

（二）特色做法

1. 注重引领，为学生考研、就业明确方向

一是邀请专业教师和往届毕业生开展考研、就业指导与经验分享活动，传授考研、就业经验，树立学习榜样，帮助学生熟知考研、就业政策，畅通各类信息渠道。二是分阶段收集学生各类考试、招聘会的报名和参会信息，开展个性化指导，提升各类考试报考、简历投递目标的适配度与科学性，帮助学生找准定位。三是以推免生为主体，组建考研、就业帮帮团，推送各校、各地区的研究生招考和就业岗位信息等。

2. 细化服务，为学生考研、就业落实保障

一是跟进学生人才培养方案完成情况，指导学生选课学习等。二是配置考研专用与求职面试教室，组织考研、就业慰问，准备暖心慰问礼

包。三是围绕毕业各类时间节点，指导学生算好考研、就业的时间账，督促学生尽快完成毕业论文，让学生有精力去参加招聘会，避免因不能按期毕业而导致的次生危机。四是常态化进寝室，通过安全检查、选树优秀寝室典型等举措抓室风、促学风，稳固学生考研、就业“大后方”。

3.氛围营造，做好学生考研、就业宣传

一是举案例，讲清讲透本专业近年考研、考公、考编的录取情况，特别是往届生的录取情况，让学生心中有底。二是作比较，讲清讲透公务员、事业单位人员养老金与市场并轨等新情况。三是列数据，讲清讲透历史学类本科生扩招与部分地区历史教师需求量缩减之间的矛盾。四是明趋势，讲清讲透新高考趋势、人口出生规模降低、编制饱和等对学生就业的影响。五是树榜样，讲清讲透学生在私企、私立学校，特别是发达地区相关单位的经济待遇、发展路径。六是摆政策，讲清讲透非全日制硕士研究生学历在学历提升、职称评审中的作用。

4.个性指导，为学生考研、就业全程护航

多聊、多问、多查，以主要精力开展一对一指导帮扶，把话讲到位，把考研升学、签约就业跟进到位。“一对一”单聊，是就业工作中最基础、最重要的推动手段，在大四学年，学院学生工作分管领导与毕业班辅导员，扎实开展谈心谈话工作。一要选择相对安静的谈话场所。二要明晰不同就业形式的材料要求。三要设计好谈话提纲，多预设冲突情境，保证谈话能进能退，收放自如。四要提前准备过往与学生联络的情况，打好感情牌。五要做好谈话后的跟进工作，跟进学生考研、就业问题与结果。

（三）经验启示

1.摸清底数，筑牢就业工作底线

精准掌握学生数据是推动就业工作的基础，通过问卷调查、谈心谈话、走访寝室等多元方式，及时跟踪、全面掌握学生的就业情况，特别是所遇到的困难等，以便学院及时介入，提供帮扶和指导。

2.协同联动，夯实就业工作战线

组织学院党政领导、专业教师、辅导员等育人力量协同跟进学生考研、就业状态，及时提供心理疏导、技能指导等。当前就业工作的关键点在扭转学生“慢就业、缓就业”的思想误区，需要各方力量协同联动，跟学生反复摆事实讲道理，做通学生思想工作。

3.全程跟进，提升就业工作质效

针对考研的学生，要为他们提供“院校选择—备考指导—复试调剂”全程式的辅助。针对直接就业的学生，要根据成长背景、个人意愿、发展方向等因素，制定就业规划，动态追踪，持续关注，为学生的求职就业之路保驾护航。

（报送单位：历史学院）

朋辈辅导助力，通过率显著提升

高校学业发展是落实立德树人根本任务的重要基石，数学与统计学院针对本科生专业课程难度大、挂科率高等问题，整合高年级优秀学生资源，以“一对一”“一对多”模式，围绕核心课程，为学业困难学生（简称“学困生”）提供精准、常态化辅导，切实将“学习护航”理念转化为实践行动。

（一）基本情况

数学与统计学院于2021年成立“手拉手”朋辈学业辅导先锋队，以互助模式开展数学分析、高等代数等核心课程常态化辅导。项目累计招募志愿者102人，开展日常辅导758场、考前强化15次，服务时长超1600小时，建立“云端资源库”，共享学习资料200余份，帮扶249名学困生。项目实施后成效显著，2023级本科生挂科人数较2022级下降50%，2022级学生挂科总人数从59人降至14人，显著降低了学业风险，经验已推广至校级“赭麓乐学”活动中。

（二）特色做法

1. 确保匹配精准度，灵活高效开展有针对性的辅导

注重需求识别与资源整合，通过学期初问卷调查、学业成绩动态分析，精准定位学生薄弱环节（如数学分析极限理论、高等代数矩阵运算等）。结合志愿者专业特长（如国奖获得者、单科高分学生），按“课程模块+难度层级”匹配辅导对象，形成“基础夯实组”“拔高冲刺组”等小组。组织开展灵活辅导，线下设立专用辅导教室，每周固定利用3次晚自习集中答疑；线上通过QQ群、微信群实现24小时响应，针对典型问题录制微课视频并上传云端资源库。例如，针对挂科学生，在补考前开展“一对一冲刺计划”，提供10天定制化复习方案。

2. 确保反馈时效性，搭建平台促进学困生全方位提升

注重动态跟踪与优化，每月通过“辅导满意度量表”和阶段性测试评估成效，对进步不足的学生调整辅导策略。例如，某学生连续两次测试未达标，辅导志愿者与其共同制订“错题复盘+知识点思维导图”强化计划，最终使其通过补考。不断拓展支持维度，除课程辅导外，定期举办“学霸经验分享会”“学术沙龙”，邀请优秀毕业生讲解考研、保研策略；联合心理咨询机构成立“学业压力疏导工作坊”，帮助学生缓解焦虑。2023年累计举办跨学科讲座6场，参与学生超300人次。

（三）经验启示

1. 发挥朋辈力量，用心用情关怀学困生

朋辈辅导以其亲近性、易接受性，成为解决学困生学业困难的有效途径。高年级学生的亲身经历和成功经验分享，能够有效激发低年级学生的学习动力和自信心。在利用现代技术手段提高辅导效率的同时，不能忽视人文关怀的重要性。面对面的交流、情感的共鸣是线上辅导无法替代的，应确保辅导过程中既有知识的传递，也有情感的交流。

2.动态反馈调整，多元支持帮扶学困生

有效的反馈机制是项目成功的关键。通过持续的跟踪评估，及时调整辅导策略，可以确保辅导活动始终贴近学生实际需求，不断提升辅导质量。学业辅导不应孤立存在，而应与其他学生支持服务（如心理咨询、就业指导等）相结合，形成一个全方位、多层次的学生支持体系，共同促进学生的全面发展。

“手拉手”朋辈学业辅导先锋队通过精准匹配、线上线下结合、定期反馈及搭建交流平台等特色举措，不仅有效解决了学困生的学业困难，还促进了学生之间的互助合作，为构建良好的学习生态提供了宝贵经验，有效落实了护航计划。

（报送单位：数学与统计学院）

三搭建促成长，学科竞赛成果显著

在高等教育深化改革背景下，学业护航已成为提升学生核心素养、激发学生创新潜能的关键路径。计算机与信息学院坚持“以赛促教、促学、促创”，以学科竞赛为引擎，全面贯通“知竞赛、参竞赛、赢竞赛”培养链条。通过系统化布局与精准施策，将竞赛成果转化为育人实效，为培养创新实践型人才提供有力支撑。

（一）基本情况

2024年以来，学院实施搭建交流平台、搭建实践平台、搭建指导平台的“三搭建”举措，学业护航取得显著成效。立足“专”抓重点，实现6个专业竞赛覆盖率100%，人均参与1.5项；立足“培”破难点，建立80人的专业教师指导团队，完善全员协同竞赛培育体系；立足“实”聚焦点，将学科竞赛融入社会实践，学生参与13项国家级科研项目；立足“优”增亮点，收获60余个国家级、300余个省级奖项，“小挑”

（“挑战杯”中国大学生创业计划竞赛）实现国家级银奖的突破，“大创”项目（大学生创新创业训练计划项目）立项国家级14项、省级29项，申请“软著”（计算机软件著作权）近30项、发明专利2项，发表学术论文3篇。

（二）特色做法

1.搭建交流平台，确保“知竞赛”

采用“线上+线下”模式进行宣传动员，线上通过官网、微信公众号等途径发布竞赛信息；线下开展“魅力导师团”“计信先锋”“朋辈说”系列活动10余次，组织优秀学子开展经验分享会，讲述获奖经历、分享心得感受、展示赛事成果，鼓励学生踊跃参加各类赛事。根据《计算机与信息学院教职工绩效工资分配办法》，对获奖师生予以表彰奖励，充分发挥榜样引领作用，调动师生参与积极性。

2.搭建实践平台，做到“参竞赛”

探索实施社会实践、学科竞赛一体化建设发展路径，院领导、专业负责人、骨干教师等178人次参与建设53处实习实践基地，将9项重点赛事纳入学院“第二课堂”课程规划并给予专项经费支持，开设2处“大创”项目训练中心，打造见习、研习、45天暑期社会实践、实习、就业全程无断点式的工科生培养新模式。搭建项目e站、夕阳e路、彩虹e教、万家e诊、菁英e彩、廉洁e学六大主题实践平台，开发芜湖港取送箱智慧辅助系统，累计服务千余名司机，产生电子小票50万余张；开发XR校园导览系统，累计点击量121307次，服务近千名新生；开发面向全校数万名师生的“乐学帮帮团”小程序，填补了校园线上学业交流平台的空白。“皖美视界”团队荣获第七届中国青年志愿服务公益创业赛铜奖。

3.搭建指导平台，实现“赢竞赛”

院领导、学业和学术导师、辅导员联动协作，组建教师指导护航团队，发布《关于在本科新生中实行导师制的办法》《计算机与信息学院本科课堂教学质量保障制度及体系》《计算机与信息学院本科专业毕业要求达成情况评价机制和实施办法》，形成覆盖学院所有专业的教、学、练、战一体化竞赛培育体系，为学生提供赛事推荐、赛前选拔、赛事指导、赛后总结等全方位的服务。由骨干教师开设“程序设计综合训练”课程，将竞赛融入教学，依托计算机爱好者协会、开源软件协会两大社团，组建“学科竞赛集训营”，如第七届程序设计精英集训队，利用“小学期”、寒暑假、课外活动等时间开展集训，邀请行业内专家有计划地开展系统培训，对重点项目反复打磨，对参赛学生定向指导，切实提高学生的参赛赢赛能力。

（三）经验启示

1.高站位

党委领导坚持统筹完善教学组织建设和教学质量保障体系建设，大力推行学校护航计划，实行“以赛促学、赛训赋能”新模式，把学科竞赛当作学院头等大事常抓不懈。

2.拟制度

根据《安徽师范大学学科竞赛分类导向性项目库》，更新完善学院“第二课堂”课程规划，配套拟定教师指导、学生参赛等系列制度规范。

3.搭平台

组建教师指导团队，将学科竞赛融入学科发展、教育教学、学生培养的各环节，实现竞赛训练全覆盖。完善两大社团建设，拿出专项经费，给予场地保障，让竞赛成为专业教学改革与学生技能培养的有效载体和实践平台。

4.强保障

发动成立多支竞赛团队，开设2个“大创”项目训练中心，构建教学团队、带训团队、学工队伍三点发力共同服务学科竞赛的格局，激活内生动力，形成良性循环。

（报送单位：计算机与信息学院）

组合拳促就业，升学就业双提升

就业工作是学校人才培养质量、办学成效的重要体现。为促进学院和用人单位“供需两侧”协同，物理与电子信息学院积极推进全员联动抓就业，组建“就业联盟单位”，组织就业招聘，强化跟踪帮扶，不断提升就业服务的精准度与实效性，激发学生就业的主动性和自觉性，持续打好就业服务“组合拳”。

（一）基本情况

2024年3月至8月，学院针对2024届480名本科毕业生就业落实率仅为13.21%、考研国家线达线率高但一志愿院校专业达线率仅为30%以及“二战”[①]“慢就业”等问题，全力开展就业护航专项行动，通过全员联动、联盟协同、跟进式助研、重点群体精准施策等措施，最终使得44人接受调剂，升学率达43.33%，初次就业去向落实率达95.83%。学院获评就业工作先进单位。

（二）特色做法

1.全员联动抓就业

学院落实“一把手”工程，院党政主要负责人参与就业辅导与帮扶、毕业生推介等。定期召开由班子成员、专业负责人和毕业班辅导员共同参加的就业工作联席会，研究制定护航升学就业工作举措。组织动员全院教师为毕业生开展就业与择业观教育、求职应聘与考研指导以及就业信息收集、校友资源挖掘等。学院形成了“书记、院长亲自抓，分管领导具体抓，教职工全员参与抓”的就业服务工作体系。

① 指考生在第一次考研失败后，选择再次备考并参加研究生入学考试的行为。

2. 联盟协同促就业

学院优选了150余家与学院专业匹配度高的用人单位组建“就业联盟单位”，定期邀请联盟单位如合肥高新区管委会、相关中学以及奇瑞、格力、华东光电、美的等企业人事部门负责人通过职业规划辅导讲座、专业行业发展报告等形式对学生开展职业生涯规划和就业指导；定期到联盟单位进行就业状况跟踪调查，为联盟单位推介招聘信息、提供招聘场地；根据联盟单位需求，精准推荐毕业生就业。组织联盟单位和长期合作的政府机构，举办“专业+行业”“职通未来”专场招聘会和每周三“专业+行业”招聘集市，为学生精准提供就业岗位。

3. 跟进式助研

学院坚持分阶段、不间断、跟进式做好学生考研服务。考研初期，学院邀请知名大学、科研院所来校进行招生宣传，为学生确定报考学校、专业提供参考；复习中期，邀请企业来校为考研学生提供课程化、项目化专业实习，有效化解实习与考研复习的矛盾；备考全程，开展“一研为定”“研途有你”“研途在望”系列考研辅导慰问活动；复试阶段，建立师生“1+1”结对机制，发挥专业教师的学术和资源优势，精准开展复试模拟、调剂推荐、导师联系工作，加强毕业生的考研心理疏导。近年来，学院考研录取率始终位居全国同类院校各院系前列。

4. 精准施策护就业

学院制定《2024届重点群体毕业生就业帮扶工作方案》，全面梳理重点群体毕业生和“双困”（家庭困难和就业困难）毕业生就业状况和意愿。院领导、专业负责人、教工党支部书记带头包保帮扶，“一人一档”“一生一策”精准提供就业指导和心理疏导，帮助学生降低就业成本，提供就业岗位，确保有就业意愿的困难毕业生100%就业。截至8月31日，实现2024届重点群体毕业生初次就业去向落实率达100%。

（三）经验启示

1. 把好“组织关”，抓好顶层设计

严格落实“一把手”工程，通过建立完善就业工作体系，层层压紧压实工作责任，做到实现就业工作同频共振、同向发力、全员行动，共同打好就业护航“组合拳”。

2. 提升“服务关”，抓好岗位供给

把“稳就业”放在更加突出位置，全面分析毕业生的就业意向并建立台账，精准提供就业创业指导与帮扶，拓展就业新空间，打开就业新渠道，加强岗位有效供给，努力实现毕业生充分就业。

3. 把握“节点关”，抓好关键阶段

依托学院专业特色，紧抓备考关键期，持续关注毕业生考研、考公、考编等情况，多频次、多形式、多维度与学生沟通交流，帮助学生认清形势和自身实际、找准定位，促进学生转变求职观念和意识。

（报送单位：物理与电子信息学院）

守护网助学困，学业预警人数大幅下降

破解学困生转化难题是新时代教育高质量发展的必然要求。物理与电子信息学院通过统筹整合资源、创新帮扶机制、深化协同联动，着力构建全链条、全方位、全过程的学困生关爱体系，为学生全面发展、健康成长筑牢坚实保障。

（一）基本情况

2024年4月至今，学院针对学生人数多、课业压力较大、本科生不及格人数较多、58人不及格课程达4门以上等问题，面向学业困难群体全力开展学习护航专项行动，通过走访、座谈、问卷调研等多种形式深

入了解学困生的困难和需求，最终实现本年度全院学业预警人数由168人降至124人，2024届本科毕业生毕业率达99.38%。通过建立健全学业毕业预警机制、做好学情大调研，全方位了解学生情况，加强家校合作交流和发挥朋辈帮扶力量，实现对学困生的精准帮扶，助力学困生成人成长成才。

（二）特色做法

1.建立健全学业毕业预警机制

建立“班委—教师—教学秘书—辅导员—家长”五级联动学业预警机制。定期开展学业毕业预警专题研讨会，实行院领导班子、系主任和专业教师包保制，做好跟踪帮扶工作。

2.开展学情大调研

辅导员精准筛查学困生，填写“重点群体学情登记表”，并和学生约定，每周自习前后将学习图片发给辅导员，辅导员在了解学生学习进度后，主动联系授课教师，授课教师再针对学生学习过程中出现的疑难点、易错点进行一对一个性化指导，真正实现“一生一档一策一队”，为每一名学生量身定制个性化帮扶方案。

3.加强家校合作与沟通

健全常态化沟通机制，建立“定期沟通+即时反馈”双轨模式，班主任每月至少开展1次学困生家庭深度访谈，每周通过班级群、家校联系册反馈学生在校表现，对学习波动、情绪异常等情况第一时间与家长联动处理。召开家校协同育人座谈会，邀请不及格课程达4门以上的58名学生的家长来校共商帮扶举措；定期向学业预警学生的家长发送学习进展报告，及时与家长沟通学生的学习情况和问题。

4.落实朋辈互助帮扶

为学困生制定个性化帮扶方案。明确帮扶学生职责，包括协助制订学习计划、讲解疑难知识点、分享学习方法等。组织保研学子成立“学风督导团”，节节查、日日看、周周报，课堂到课率、抬头率显著提升；

成立考前重难点课程互助学习“小灶班”10个，广泛建立宿舍学习小组，帮扶挂科严重、毕业困难学生，帮助学生提高学习主动性、增强学习自驱力。

（三）经验启示

1. 探寻问题症结解难题

当学生出现学业困难时，应敏锐捕捉问题并予以充分关注，通过日常观察以及与学生本人、家长、舍友和同学等群体谈心谈话了解情况，锁定问题关键所在，抓住问题症结，对症下药，解决难题。

2. 抓实三全育人铸新人

育人工作需要凝聚合力，要协同辅导员、班主任、家长、班级干部等关键群体的合力，要紧抓新生入学、学业考试、评奖评优、职业生涯规划等重点环节的贯通，要借助朋辈帮扶、家校联动、资助育人等有效载体的协同。

3. 持续关心关怀润人心

学业困难的形成原因是错综复杂的，同时也有可能隐藏或诱发心理疾病、人际交往困难等一系列问题，应对出现问题的学生予以持续的关心关怀，全面分析学生已经显现或潜藏的问题，寻求多方合力精准施策，提供全方位的支持，助力学生自信自强、全面发展。

（报送单位：物理与电子信息学院）

三优举措护航，考研录取率创新高

在研究生教育“提质扩容”的新形势新背景下，化学与材料科学学院高度重视学生考研升学，紧扣“分类培养”改革方向，创新构建全员、全过程、全方位考研支持体系，以精耕细作回应新时代高层次人才培养需求。

（一）基本情况

学院组织召开毕业班考研推进工作会议，开展学业护航、身心护航、生活护航、考研慰问、考研辅导等系列工作。通过每月召开主题班会，从学院、专业、班级等层面宣传考研政策，全方位开展心理疏导，做好考研、复试和调剂暖心服务。学院领导、系主任、专业教师、辅导员、家长多方协同，2023年、2024年共召开专项辅导150余场，全力为学生考研提供坚实保障。近年来学院学生考研（升学）率始终排全校前列。2024届考研（保研、出国/境）率达57.54%，创学院历年新高，其中，化学（拔尖人才班）为67.44%，化学师范专业为65.32%，材料化学专业为63.24%，化学工程与工艺专业为51.61%，应用化学专业为43.56%。涌现出15个全研宿舍，用集体的微光照亮了彼此攀登学术高峰的路。

（二）特色做法

1.全面推进考研动员，提升考研报考热度

通过主题班会对当前就业形势、大学生职业规划以及社会发展趋势等进行综合分析，引导学生确立考研目标，增强考研信心，制订备考计划。全院召开考研动员会2次，班级动员大会、指导大会贯穿全年。学院近3年考研报考率平均达到87.35%。

2.优化考研指导方案，增强考研扶持力度

学院积极开展考研指导，组织院系老师、学长学姐等进行经验交流，成立“考研信息互通小组”，将辅导内容细化，根据学生复习的进度及报考学校和方向，一对一进行指导。保研学生成立学习小组、党员帮扶小组，开展“有机化学”“无机化学”“物理化学”等重点科目答疑解惑研讨。

3.关爱考研学子日常，增添人文关怀温度

学院开展暑期考研慰问、暖冬考研慰问、考前助力等关爱活动，邀请专业心理健康教师对考研学子进行心理健康辅导，以导生和党员为“领航员”，提供真题解析、心理疏导、复试模拟等多项定制服务，并定期走访学生宿舍进行物质与精神上的慰问，开展“考研心理疏导讲座”“考研知识点分享交流会”等，缓解考研学子考前焦虑。

（三）经验启示

1.以宿舍场域塑造考研最美群体

以学霸宿舍为例，通过学风联动影响身边同学，如英语薄弱者组队进行晨读打卡等。大学宿舍的“同群效应”对高校的宿舍管理、学习氛围营造和考研率的提升有着重要的积极意义。良好的学习习惯有助于构建一个对学习充满信心的班集体。

2.以个性化辅导提升考研整体质量

立足学生差异化发展需求，构建考研个性辅导体系，为每位考研学子量身定制个性化辅导方案，同时在确保学生享受到个性化辅导后，扩大学生学习自主权、选择权。不仅如此，在专业课辅导之余还可创新教育形式，通过开展考研心理健康讲座、团体辅导等，为学生提供个性化心理支持和指导，营造良好环境，让压力得到层层疏导，全方位促进学生身心健康。

3.以朋辈分享树立考研优秀榜样

每年发布考研光荣榜，打造考研先锋模范，以鲜活实例分享高效复习技巧、院校选择策略与压力调节方法，将抽象的考研目标转化为具象的可参考路径。考研成功的学生群体具有显著的群体性特征，如意志坚强、学习踏实、身心素质好等，这些都是值得备考学生学习的。

（报送单位：化学与材料科学学院）

全员精准帮扶，就业落实率显著提升

在学校党委和行政的坚强领导下，生命科学学院紧密围绕2024届毕业生就业工作，以高度的责任感和使命感，全面实施全员联动精准帮扶策略，取得了显著成效，实现了毕业生就业工作稳步提升。

（一）基本情况

学院2024届毕业生共有443人，其中研究生82人，本科生361人。在全院师生的共同努力下，通过强化组织领导、夯实专业基础、分层开展指导、精准就业帮扶、全员参与就业等举措，实现了初次毕业去向落实率为94.81%（截至2024年8月31日），其中研究生初次就业去向落实率为100%，本科生初次就业去向落实率为93.63%。考取研究生164人（含出国读研5人），考研录取率为45.43%，较2023届学院本科生考研录取率提升2%，就业去向落实率提升13.25%。学院荣获2024年就业工作先进单位。

（二）特色做法

1.加强党政联动，推动科学谋划

学院调整就业工作领导小组，加强毕业生就业工作谋划和调度。学院党委书记、院长定期召开专题会议，听取辅导员、专业负责人就业工作汇报，研判就业形势，落实具体举措。发布《致2024届毕业生就业倡议书》，倡议毕业生树立正确择业观，准确把握求职定位、提升求职技能；发布《致全体教师的倡议书》，倡议全体教师利用自己的人脉资源，为毕业生推荐更多、更好的就业岗位。

2.夯实专业基础，提升就业能力

学院以质量建设和内涵发展为主线，加强教学改革与实践研究，完善人才培养方案。学院教授全部参与本科生教学活动，近80%的本科生自一年级起便进入导师实验室，参与大学生创新创业训练计划项目，多渠道提升人才培养质量。学院积极在南陵萃英园中学等单位建立就业基地、专业实习基地，新老实习就业基地优势互补，充分实现“实习+就业+产学研”一体化目标。开展师范生教学技能大赛、生物学实验技能大赛等系列专业技能竞赛，以赛代练，提升学生就业能力。2024届毕业生汪文岚等多人获得“互联网+”“挑战杯”和大学生生命科学竞赛国家级、省级奖项。

3.全员参与就业，广拓就业市场

学院领导班子、专业负责人坚持“走出去、请进来”，前往池州、合肥、上海、南京等地联系用人单位，积极开拓就业市场。学院多次向企业发出邀请函，联系接洽50余家单位来学院组织专场招聘会10余场次，提供就业岗位上千个。

4.科学分层分类，精准指导帮扶

针对学生考研报考情况，学院安排专业教师，从重难点知识解析、答疑解难等方面给学生做专业辅导，帮助学生提高复习效率，强化学习效果。分数出来后，摸排学生调剂意愿，组织相关专业教师为学生调剂、面试进行指导和推荐。建立“困难毕业生”台账，领导班子和专业负责人等对重点群体毕业生就业进行包保兜底。辅导员设立信息收集小组、党员帮扶联系小组、招聘联系服务小组等，安排专人收集并发布就业信息，组织同学参与应聘，一对一联系帮扶困难同学。发放2024届毕业生“暖途”求职补贴、生活补贴等。对就业恐惧、应聘紧张的学生进行一对一心理援助，对求职困难的学生采取“传帮带”指导，实现了重点群体毕业生100%落实毕业去向。

（三）经验启示

1.学院党政联动推进

学院每周召开就业工作专题党政联席会议，每十天调取一次就业数据，分专业、分层次召开毕业论文指导教师、专业负责人、班主任会议，层层压紧压实工作责任。

2. 全员参与共同推进

全院教职工对就业工作形成统一认识，上下联动，积极“访企拓岗”，深化与企业、行业协会的合作，建立稳定的校企合作关系，拓展就业岗位。

3. 专业指导精准推进

考研率对就业去向落实具有重要影响。从考研动员到课程答疑再到复试、面试跟踪指导，学院为考研学子做好各节点服务，辅导员全面分析毕业生的就业意向并建立台账，精准提供就业指导与帮扶。

（报送单位：生命科学学院）

全员服务护航，就业率稳居前列

就业是最大的民生工程、民心工程、根基工程。外国语学院始终聚焦学科优势，整合多方面资源，鼓励和引导更多青年学子做中国文化的传播者、世界和平的建设者、全球发展的贡献者。学院以更精准便捷的就业指导与服务，全力促进毕业生更加充分、更高质量就业。

（一）基本情况

2024年1月至8月，外国语学院针对2024届245名本科毕业生和119名硕士毕业生，秉持“就业工作全员化，就业服务全覆盖，生涯指导全阶段”的工作理念，想真招、用真劲、拿真效，通过摸查登记、全面辅导、个体咨询、专项资助、特殊推荐，精准落实就业困难群体帮扶计划，全力以赴做好学生就业指导与服务。派遣去向落实率达82.69%，初次就业去向落实率达95.05%，学院连续4年获评学校就业工作先进单位。

（二）特色做法

1.精心指导，抓实就业导师制

（1）“访企拓岗+名企进学院”，拓展就业岗位。学院抓实就业导师人脉资源，通过走访奇瑞、海螺、新东方等知名企业和开展“名企进学院”等方式，积极开拓就业新岗位，先后共提供就业岗位32个，实际推荐6名学生就业。

（2）“老师+学生”，抓实导师就业辅导。持续落实就业导师制度，全程对接学生，为学生就业排解难题。学院班子成员坚持每月召开护航工作就业导师专题会议，逐一落实每位学生就业进展，就业导师先后帮助158名学生顺利就业，营造了全员促就业的良好氛围。

2.精准辅导，落实辅导员责任

（1）“考研辅导+考编辅导”，竞争政策岗位。辅导员从学生进校开始，就建立学生学涯和生涯规划档案，分类做好升学、求职意向的统计。国内升学率提升到近30%，竞争到“研支团”2人；3人考取高校辅导员，102人考取中学教师等。

（2）“校友+学生”，落实榜样就业辅导。坚持榜样典型指导，邀请悠派上市公司董事长程岗等数十人为学生介绍行业发展趋势，强化专业认知，强化就业观念指导，举办各类经验分享会7次，全方位、多角度宣传就业典型事迹10余篇。

3.精心疏导，压实党员导生制

（1）“线上梳理+线下招聘”，提供就业信息。开辟就业信息专栏，每日安排党员推免同学精准梳理就业信息，累计发布就业信息1000条。同时，“小规模、多频次、精准化”举办招聘会，全年共举办宣讲会及招聘会13次，78个单位提供300多个就业岗位，并成功签约17人。

（2）“党员+学生”，压实朋辈就业疏导。持续抓实党员“1+X”制度，即1名党员对接3—5名学生，党员学生带头就业，带动对接学生就业。目前党员学生全部落实就业或升学去向，并帮助19名非党员学生就业。

（三）经验启示

1.政策先导，用“四早”精心谋划贯穿全程指导

继续秉持“就业工作全员化，就业服务全覆盖，生涯指导全阶段”的工作理念。坚持“四早”方针，即“早宣传、早动员、早引导、早动手”，精心谋划就业工作、准确把握就业政策、完善就业管理制度、加强就业指导服务。通过“读”“看”“谈”“做”，着力指导学生进行职业生涯规划，帮助学生认清就业形势，合理自我定位。

2.思想主导，用“五心”助力学生绘制启航蓝图

继续秉持精准帮扶每一位就业困难学生，让就业工作服务更暖、精度更精的工作宗旨。在就业工作中做好“五心”服务，即“爱心、关心、尽心、细心、耐心”。分类摸清底数，动态跟进掌握需求，建立“毕业生就业进展台账”“困难群体毕业生就业台账”两大台账；做到求职意向摸清、就业困难搞清、帮扶需求厘清。

3.精准指导，用就业思政引领担当育人使命

继续秉持以“就业思政”引导学生担当使命，让就业信息有“准度”、就业招聘有“力度”、就业服务有“广度”的工作方法。持续落实就业导师制度、党员“1+X”制度、就业每周通报制度、教师党支部考研复试对接指导制度。坚持榜样示范，全方位、多角度宣传就业典型事迹；坚持实践育人，开展就业调研；坚持多方协作，整合校内外资源，邀请教授、行业专家、知名校友为学生介绍行业发展趋势，强化专业认知，引导学生合理规划学业和职业生涯发展。

（报送单位：外国语学院）

深入实施“三大行动”，让书香浸润校园[①]

习近平总书记在致首届全民阅读大会举办的贺信中指出：“希望全社会都参与到阅读中来，形成爱读书、读好书、善读书的浓厚氛围。”安徽师范大学紧紧围绕立德树人根本任务，以“书香浸润青春，阅读启航人生”为目标，融思政引领、专业提升、素养教育于一体，着力建设“一站式”学生书香社区，引导学生以书为友、以书为师、以书明志、以书养德。

（一）实施师生共读行动，营造“爱读书”好氛围

1.建设读书打卡新地标

学校围绕多校区办学特点，统筹建设了“一站式”学生书香社区花津驿站、赭山驿站、天门山驿站，充分优化利用驿站空间，设立了丙辉漫谈讲堂、“花津悦读”朗读亭、“马克思主义新闻观”书香空间、π空间、大学生“思创园”、英语之角等集读书、学习、交流、休闲于一体的“一站式”师生共读空间，受到了师生好评，成为师生读书打卡的新地标。

2.打造同书共读新常态

学校“一站式”学生书香社区建设紧紧围绕各学院专业特点，立足学生发展需求，着力打造了“花津悦读”“天门山下读书会”“赭麓共读”“阅读一小时”等18个“一院一品”师生共读项目，积极引导师生同书共读、同学共进，营造了师生共读良好氛围。

3.建立线上线下新场域

立足青年学生网络化阅读和传播能力强的特点，学校积极拓展师生读书新场域，开设“花津悦读”网络专栏，创新推进“扫码听音”“扫码观影”等线上读书方式，以《中国共产党章程》《习近平著作选读》

① 本案例获评全国高校“一站式”学生社区风采展示活动优秀成果。

《论语》等为蓝本录制音、视频作品，以“一键扫码”栏目统一布置到学生生活、学习区，学生只需要打开手机扫描二维码，就可以实现听经典、看经典、学经典，让阅读抵达更广阔的青年群体。

（二）实施名家领读行动，引领“读好书”好风尚

1. 以高端讲座引领

常态化开展敬文讲坛、敬文书话、赭麓讲堂、学海导航、传媒视界等名家领读活动，邀请校内外知名学者、作家到校开展讲座和领读指导，推荐“阅读好书单”，畅谈读书心得与感悟，引领阅读成为青年学生的生活时尚。

2. 以理想信念引领

开展“学习新思想、做好接班人”主题教育读书班、“诵读里的初心”、“胶片里的党史故事”、“党旗红”微党课等理论微宣讲，让理想信念教育在社区润物无声，让《习近平的七年知青岁月》《理解当代中国》等成为青年学生的手边书，让习近平新时代中国特色社会主义思想走进学生生活。

3. 以大家推荐引领

每年邀请校长和专家教授推荐书单，发布“校长推荐书单”，开展“阅读星推官”好书推荐活动，让《论语》《大学》《孟子》《全球通史》《平凡的世界》等成为青年学生的常读图书。

（三）实施行走悟读行动，提升“善读书”好素养

1. 在报告宣讲中检验读书成效

学校“一站式”学生书香社区常态化开展读书报告会，引导学生从经典书籍中汲取成长营养，“金苹果科普”“团结花开”等学生宣讲团队持续检验学生理论功底。“新闻故事会”“记者节演说大赛”“诗文朗诵大赛”等也逐渐成为学生津津乐道的读书报告活动。

2. 在“行走的思政课”中读懂“无字大书”

学校“一站式”学生书香社区着力打造“行走的思政课”，坚持在实践中锤炼、检验学生素养。“五四爱心学校”“江淮普法行”“新传铁军行”等品牌实践载体，引导学生用专业所学分析研判社会现象和国计民生，在田间地头、街巷社区读懂“无字大书”。

3. 在志愿服务中助力乡村振兴

学校充分发挥基础教育资源优势，与芜湖城市书房等共建周末“悦读”点，开展“大手拉小手”阅读活动，为中小学生高质量读书助力。组建“悦读”志愿服务团队，在金寨县、岳西县、黟县等地建立乡村支教“悦读”点，编写双语儿童读本，开展荐书、捐书和伴读活动，用书香助力乡村振兴。

腹有诗书气自华，最是书香能致远。安徽师范大学“一站式”学生书香社区着力在“爱读书、读好书、善读书”上下功夫，深入实施“共读、领读、悟读”三大行动，持续让阅读成为青年学生的生活时尚，吸引了1650余人次教师、3万余人次大中小学生参与其中，累计阅读中外名著2800余本，服务范围覆盖15个校外书房和127个支教点，在立德树人、专业成长、社会服务等方面成效显著，让读书成为促进青年学生自信自强的强大力量。

（报送单位：新闻与传播学院　外国语学院　学生处）

生活护航——物质文化筑根基，安全文明护成长

“生活护航”是我校护航计划的基础环节，旨在以物质、文化双保障固基铸魂，安全、文明精准护航，为当代大学生安全、健康成长提供全链条生活服务引领。

学校着力构建“生活护航”体系，推动健全安全保障与成长服务同频共振的生活育人机制，以网格化管理筑牢安全防线，以精准化资助提升育人温度，以清单式习惯教育培养健康生活方式，以家校生联动破解不良习惯难题，以“四位一体”文化创建涵养精神品格，以“一站式”学生社区建设打造“一苑一品”育人驿站，全方位护航学生成长成才。

高校不仅是学生学习的场所，更是其全面发展的成长沃土。“生活护航”是贯彻“三全育人”与“五育并举”理念的重要举措，是新时代教育工作的重要实践。“生活护航”通过多途径、多样态方式，为大学生打造安全、浸润式物质生活服务场景，引领大学生培养正确的生活习惯、培育良好的精神品格，为确保大学生成为德智体美劳全面发展的时代新人厚植生活沃土。

《校友聚力赋能成长，精准资助筑梦成才》案例以“机制保障+精准施策+价值引领”构建发展型资助育人体系，成立校、院联动的专项领导小组，依托校友资源累计设立奖助学金10余项、募集资金超2700万元，形成“物质助学—精神筑梦—能力铸人”三位一体模式。通过细分科研竞赛、基层就业、文明寝室等7类资助项目，实现资助覆盖学业进步、职业发展、素质提升全维度，同步强化育人延伸，以校友讲堂、企业实习、感恩教育为抓手，培育受助学生的责任感与反哺意识，涌现省级以上获奖者近百人。学院注重以校友资源为纽带，强化经济支持与精神引领；构建“扶困+扶智+扶志”三位一体育人体系，以感恩教育、实践平台赋能学生全面发展；建立动态反馈机制，精准追踪学生需求及捐

赠成效。

《实施“三大提升”，护航实验室安全“无死角”》案例依托培育安全意识、提升知识技能、构建完善应急体系等“三力”来共筑实验室安全屏障，先后开展研究生实验室安全教育培训，学院全体本科一年级、研究生一年级学生参加实验室安全线上培训，制定详细的应急预案并明确各级人员的职责和行动流程，从而激发学生的安全意识和责任感，促进个体健康、实验室安全与科研成果可靠性的相互融合。

《坚持底线思维，筑牢安全防线——安徽师范大学着力“五护”构建平安校园》案例聚焦护航计划，从思想、学习、生活、情感、身心五个维度，为学生提供全方位护航。以H同学为例，学院通过系列护航行动，助力其顺利完成学业并投身西部计划。护航计划坚持以学生为中心，整合全员力量，激发学生内生动力，形成了一套完善的工作模式，为高校安全稳定工作提供了宝贵经验。

校友聚力赋能成长，精准资助筑梦成才

“不让一个学生因家庭经济困难而失学”是国家和学校的承诺，“让每一个贫困学子都有辉煌的明天”是化学与材料科学学院和校友们的庄严承诺。学院秉持“精准资助、立德树人”理念，构建“助学—筑梦—铸人”三维资助体系，校友聚力赋能成长之路，形成“受助—成长—反哺”良性循环。

（一）基本情况

2024年，学院高度重视家庭经济困难学生资助工作，有效利用校友资源，通过建立健全资助体系、精准认定与分类管理、强化资助育人功能，多途径护航学生成长，打造资助育人新格局，为家庭经济困难学生提供更加全面、精准的支持和帮助。

（二）特色做法

1. 完善体制机制，搭建资助平台

学院成立以书记、院长为组长的资助育人工作领导小组，设立学生资助工作办公室，由专人负责学院学生资助工作，同时成立专门的校友工作部门，加强与校友的联络、合作，通过扎实的校友工作拓宽筹款渠道，为资助育人开源聚力。2015年以来，学院校友们接续奉献爱心，分别设立昌华爱心助学金、瑞蕊助学金、臻格生物奖学金、“郭锐评、陈礼勤”奖助学金等10余项奖助学金，捐赠金额共计2717.412万元。2024年度累计完成院级校友资助62.72万元，覆盖303人次。学院定期举行各类奖助学金颁发仪式，并将受助信息汇编成册，向捐赠机构汇报资助情况及学生发展情况。

2. 精准定位奖助，提高资助精度

学院坚持育人导向，构建“物质助学—精神筑梦—能力铸人”三位一体的发展型资助育人体系，将“扶困—扶智—扶志”紧密结合，奖励学习成绩优异、资助家庭经济困难的学生。学院社会类奖助学金项目均划定了明确的资助对象与资助范围，逐步建立起爱心资助、就业创业、科研训练、文明创建等奖励机制。学院自2022年起，为深入推进学风建设，促进高质量就业，设立臻格生物奖学金，每年奖励本科生和研究生100余人次。2024年，为鼓励学生积极投身科研学术训练，学院设立科研达人、学科竞赛奖学金，奖励学生65人，发放10.67万元；设立文明寝室奖学金，奖励在学风创建、文体活动、社会实践、科技创新、示范引领等方面表现突出的7类寝室，奖励50间寝室，发放2.5万元；奖励工作突出的学生干部，2024年度共奖励37人，发放7.55万元。2024年，在已发放的各类校级资助基础上，学院另资助家庭经济困难学生130人次，累计发放助学金34万元。

3. 提供全方位支持，孵化菁英人才

学院定期邀请校友返校开展理想信念教育、创新创业教育和感恩教育等，强化思想引领，系统地指导和帮扶贫困学生提升就业技能，进行职业规划。结合资助诚信教育月，广泛开展感恩教育活动，引导学生表达对社会和他人的感激之情，培养他们的感恩之心。除了经济资助外，积极联系校友企业为受助学生提供实习、兼职、社会实践等成长机会，帮助他们提升自我，增强自信，为未来的职业发展打下坚实的基础。2024年，学院获奖受助学生中涌现出多位典型，如邱霞获评校“十佳大学生”标兵，陈子祥获评校“自强之星”，温婉婷获评校“优秀青年志愿者”，万文钧、田晓文、丁卓然等多位同学在“田家炳杯”全国师范院校师范生教学技能竞赛等相关学科竞赛中斩获佳绩，学院累计获省级以上奖励及省级以上创新创业项目立项人数近100人次。

（三）经验启示

1.充分挖掘校友资源

校友是学校的宝贵资源，他们的捐赠不仅为学生提供了经济支持，还通过设立奖学金、开展讲座等活动，为学生树立了榜样，传递了正能量。

2.注重资助育人的全面性

资助工作不应仅仅停留在经济层面，还应注重其育人功能。要通过感恩教育、提供成长机会、搭建交流平台以及强化社会责任感培养等途径，实现资助与育人的有机结合，培养出更多具有感恩之心、奋斗精神和社会责任感的优秀人才。

3.建立有效反馈机制

及时了解学生的需求和困难，为资助工作的改进提供依据。同时，通过反馈机制，也可以更好地了解校友捐赠的效果和影响力。

（报送单位：化学与材料科学学院）

实施“三大提升”，护航实验室安全“无死角”

高校实验室安全是保障教学、科研秩序，防范重大风险隐患的核心屏障，直接关涉师生生命健康、科研成果转化及学校战略发展。化学与材料科学学院立足实验室安全治理现代化目标，构建起“全要素覆盖、全流程管控、全主体协同”的实验室安全治理体系，为实验室安全管理提供了可复制的实践范式。

（一）基本情况

学院高度重视实验室安全问题，严格执行实验室安全管理制度，定期组织师生进行安全培训，确保每位进入实验室的人员都能熟练掌握安全操作规程。同时，学院对实验室设施进行全面检查与维护，及时排除安全隐患。锚定“零事故、全合规、强能力”实验室安全治理目标，构建“制度—技术—文化”三维协同机制，全年开展专项行动12次，实验室安全治理取得显著成效：师生安全技能达标率提升38%，设施完好率提升22%，应急响应速度提升65%，安全文化认同度提升41%；违规操作率下降79%，隐患存量下降63%。

（二）特色做法

1. 安全意识根植于心

学院利用开学第一课、入学教育、校园安全教育活动、安全教育主题班会开展实验室安全教育培训，将安全意识深深根植于每一位师生的心中。学院领导定期结合个人经历进行化学实验室安全和化学品安全知识普及，讲述危险化学品和易制毒化学品的分类，提升学生的安全意识，并通过一系列精心策划的班会和讲座，向学生深入剖析实验室安全的极端重要性，以及研究生在维护环境安全中所扮演的关键角色。从基本的实验室规范到危险化学品的处理，再到复杂的应急处理流程，每一项内容都旨在强化师生的安全观念，确保师生在日常科研与教学中时刻保持警惕，不放过任何一个可能的安全隐患。

2. 知识技能全面提升

学院本科生、研究生一年级学生全员参加实验室安全线上培训并通过考试。培训不仅有理论知识的传授，更注重实践技能的锻炼。学院组织了消防演习和实操演练，涵盖化学品管理、个人防护装备使用、紧急疏散等多个方面。通过模拟真实场景，让师生在实战中检验和提升自己的安全应对能力。2024年12月，学院邀请合肥工业大学实验室安全管理处处长钟华勇作安全专题报告并进行实验室安全现场指导。此外，2024年学院还引入了新的实验室监控设备，确保学生的操作受到导师的监督和指导。

3. 应急体系构建完善

在实验室安全教育培训过程中，学院特别重视应急处理体系的构建和完善。通过制订详细的应急预案，明确各级人员的职责和行动流程，确保在紧急情况下能够迅速、有序地应对。同时，学院还加强与校内外相关部门的沟通协调，建立有效的联动机制，为实验室安全提供了坚实的制度保障。

（三）经验启示

1. 重视安全文化建设

学院营造以安全为核心的实验室文化，鼓励所有学生都积极参与到安全管理中来，形成共同遵守安全规范和行为准则之风。强调安全意识的重要性，让学生认识到安全不仅关系到个人健康，还关系到实验室的正常运行和科研成果的可靠性。

2. 加强安全监管

实验室应建立有效的监管机制，定期对各项安全制度、措施的执行情况进行检查，确保每位学生都遵守实验室的安全规定。

3.鼓励创新与实践

鼓励学生在安全管理和应急处理方面进行创新和实践，提出自己的改进意见和建议，以不断优化安全管理措施。

（报送单位：化学与材料科学学院）

坚持底线思维，筑牢安全防线
——安徽师范大学着力“五护”构建平安校园①

高校安全稳定工作至关重要，关乎学生成长成才与学校长远发展。安徽师范大学认真学习贯彻总体国家安全观，深入实施大学生护航计划，从思想护航、学习护航、生活护航、情感护航、身心护航（简称“五护”）五个维度出发，积极探索并实施了一系列具有代表性和示范性的工作举措，有效保障了校园政治安全、师生人身安全、学生学业安全，构建起牢固的校园安全防线，促进学生在安全稳定的环境中成长成人成才。

（一）护航背景

为深入学习贯彻习近平总书记关于教育的重要论述，全面推进“时代新人铸魂工程”，着力保障广大青年学子健康成长成才，安徽师范大学积极作为，在实施“基础教育振兴行动计划”“学科振兴行动计划”基础上提出护航计划这一重要办学举措，旨在精准聚焦并有效解决学生学业发展、身心健康等方面的实际问题。学校主要领导高度重视，主导该项工作，并成立校、院两级学生工作委员会，专门设立大学生护航专项基金，精心构建十七条重点任务清单，凝聚全校各方力量，全力实现学生“一个都不能少，一个都不要掉队”的宏伟工作目标，以实际行动真正为大学生的健康成长和全面发展筑牢坚实的护航体系。

① 本案例获安徽省高校安全保卫工作案例评选一等奖。

（二）具体举措

1.思想护航：在铸牢信仰根基中维护政治安全

（1）“青年大学习”学在日常。学校将“青年大学习”作为思想引领的重要阵地，组织各班级团支部每周定期开展主题团课学习活动。通过线上学习平台与线下集中研讨相结合的方式，确保每位学生都能深入学习党的理论知识、时事政治热点等内容。例如，在全面深入学习贯彻党的二十届三中全会精神的当下，各团支部围绕会议公报中的教育、科技、文化等相关内容展开热烈讨论，学生结合自身专业和校园生活实际，分享感悟与体会，深刻领会新时代赋予青年的使命与担当。同时，学校团委定期对各团支部的学习情况进行统计与通报，形成了良好的比学赶帮超的学习氛围，有效提升了学生的政治素养和思想觉悟。

（2）“行走的思政课”学得经常。充分利用安徽丰富的红色文化资源，依托暑期社会实践、寒假返乡实践、专业采风、实习实训等广泛开展“行走的思政课堂”红色文化主题活动，做到师生一起走、走到校外去、走进心坎里。同学们在参观渡江战役纪念馆、皖南事变烈士陵园等红色遗迹中，在奇瑞汽车生产车间、钻石飞机试验基地等厂房中，在中分村、蔡铺村等乡村振兴的现场，在小岗村、薛家洼、六尺巷等习近平总书记考察安徽的足迹中，感受先辈的英勇事迹和崇高精神，体悟美好安徽发展的脉动。此外，还举办红色文化主题演讲比赛、朗诵比赛、征文比赛、话剧表演等活动，鼓励学生以多种形式传承和弘扬红色文化。

（3）网络文明教育渗透平常。面向全校师生开展网络文明素养的教育引导和培训，通过召开主题班会、网络言行普法教育、组织师生参加大学生网络文化节等方式全面提升师生网络文明素养。同时，建立校、院两级网络舆情处置应急预案，建立内容发布三审三校机制，依托技防、人防两个方面重点加强意识形态内容的把关审查，确保不发生意识形态领域风险问题。有的学院率先制定《师生网络文明行为规范》并内嵌于新生入学教育中，有序防范和化解了因学生网络言行不当而引发的舆情。

2. 学习护航：在兜底托举学习中保障学业安全

（1）教师托底相帮。针对学习困难学生，学校推行学业帮扶导师制。由各专业教师担任学业导师，对学习困难学生进行一对一结对帮扶。导师根据学生的学习情况制订个性化的学习计划，定期进行学业辅导与答疑解惑。特别是边疆籍学生、学困生等群体，各学院依托本科生导师或组建专门的师资团队进行一对一结对帮扶，在普通话、大学英语、高等数学等学习难度较大的课程上给予重点帮扶。同时学校还在公共必修课中试行一课多考、多课并行制，尽最大可能为学生提供课程学习与考试的帮扶。在校生当年课程及格率、当年毕业率均有较大提升，有效保障了毕业生成功就业。

（2）朋辈伸手互帮。学校开展以老师领学、朋辈伴学、线上线下双线并行的"赭麓乐学·基础学科辅导学堂"活动，充分整合资源，协同多方特别是朋辈教育力量，扎实推进工作，发挥"传帮带"作用，营造了互帮互助的良好学习氛围，激发了同学们钻研专业知识与技能的兴趣。活动得到了广大同学的一致好评和认可，为持续不断地推进学校学风建设添砖加瓦。

（3）竞赛指导扶帮。学校积极组织学生参加各类学科竞赛，如全国大学生数学建模竞赛、"挑战杯"全国大学生课外学术科技作品竞赛等，并为参赛学生提供全方位的支持与保障。设立专门的竞赛指导教师团队，为学生提供赛前培训、赛中指导和赛后总结等服务。在科研训练方面，学校启动大学生创新创业训练计划项目，鼓励学生积极参与科研实践活动。在刚刚落下帷幕的第十四届"挑战杯"秦创原中国大学生创业计划竞赛全国决赛中，我校荣获主体赛银奖1项、铜奖3项，刷新此项赛事参赛历史最好成绩。自2023年9月大赛启动以来，教务处（创新创业教育学院）、学生处、科研处、研究生院、团委、科协等部门通力合作，有关学院专项推进，举办了第6期"花津创客营"，邀请校内外专家先后开展40余轮次打磨指导。

3. 生活护航：在提质升级改造中构建文明校园

（1）以“一站式”学生社区建设改硬件。为方便学生办理各类事务，学校建设了“一站式”学生社区各校区驿站，整合了学生处、教务处、后勤管理处等多个部门的部分职能，涵盖了奖助学金申请、学籍异动办理、宿舍维修申报等多项服务内容。学生无需在多个部门之间奔波，只需在一站式服务中心即可完成相关事务的办理，初步实现了“学生少跑腿，数据多走路”的目标。例如，以往学生办理宿舍物品维修需要先到宿管处登记，再由宿管处联系后勤维修人员，流程繁琐且耗时较长。现在，学生可直接在线填写维修申请单，后勤维修人员会根据申请单及时安排维修，大大提高了服务效率和学生满意度。同时，服务中心还设置了休息区、咨询台等，为学生提供更加人性化的服务环境。

（2）以文明宿舍创建升软件。全面开展文明宿舍创建活动，以宿舍为单位，开展丰富多彩的宿舍文化建设活动，如宿舍美化大赛、文明宿舍评选等活动，鼓励学生打造温馨、和谐、富有特色的宿舍文化环境。在宿舍美化大赛中，学生发挥创意与想象，通过手工制作、绘画、绿植布置等方式，将宿舍装扮得别具一格。有的宿舍以传统文化为主题，张贴了书法作品，摆放了古典工艺品；有的宿舍则以现代简约风格为主，布置得整洁舒适。这些活动不仅增强了宿舍成员之间的凝聚力和归属感，也营造了良好的宿舍文化氛围，促进了学生良好生活习惯的养成。

（3）以交通文明维护保畅通。全面开展校园文明交通维护创建活动，针对校园日益倍增的电动自行车的现实，有序推行师生电动自行车上牌规范管理，在多部门联动配合下初步实现了校内电动自行车的“去存量、遏增量”；建立起各校区门禁系统，科学规划校区大门不同人群出入规则，实现大门门禁人车分流，校园交通安全有序；在劳动实践周中设置校园交通安全员岗位，做到文明交通自我教育、自我管理、自我服务、自我监督，在食堂、教学楼、图书馆和宿舍出入口等繁忙路段开展车辆有序摆放宣传、劝阻和提醒。

4. 情感护航：在教育和活动中提升理性平和心态

（1）在多元课程中普及心理健康知识。学校将心理健康教育课程纳入人才培养体系，面向全体学生开设心理健康教育必修课和选修课。课程内容涵盖心理健康基础知识、心理调适方法、人际关系处理方法等方面。同时，定期举办心理健康教育讲座，邀请心理学专家、心理咨询师等来校讲学。例如，在每年的“5・25”全国大中学生心理健康日期间，学校会举办系列心理健康讲座，主题包括“压力应对与情绪管理”“大学生恋爱心理与人际交往”等。这些讲座通过生动的案例分析、互动体验等方式，向学生传授心理健康知识和技能，帮助学生更好地认识自己的心理状态，提高心理调适能力。

（2）在咨询干预中守住安全底线。学校设有心理咨询中心，配备专业的心理咨询师，为学生提供个体心理咨询、团体心理咨询等服务。心理咨询师通过面谈、电话咨询、网络咨询等多种方式，及时为学生排忧解难。学校建立了完善的心理危机干预机制，制定了心理危机干预预案。当发现有学生存在心理危机时，能够迅速启动干预机制，组织专业人员进行评估与干预，确保学生的生命安全。对重点学生实现“一生一档”与“一生一策”帮扶，同时协同家长和医院做好治疗。初步实现了“校院班舍”联动和家校协同、校医协同，建立了“教育咨询—筛查发现—干预帮扶—督促诊疗—动态回访”的心理育人闭环机制，积极培养学生乐观向上的心理品质，切实服务学生健康成长和全面成才。

（3）在多彩活动中释放情绪。打造“心语”系列品牌活动，连续18年举办“5·25”“10·25”大学生心理健康教育月活动，每年开展线上线下生命教育、心理健康教育活动百余场，受众30万余人次，原创心理情景剧《这都不叫事儿》《超“脱”不凡》入选全国十佳剧目（全国第3名），获得最佳创意奖（全国唯一）等荣誉。各学院各班级还创造性地开展了心理健康运动会，让同学们在多彩的活动中释放学业压力、增强人际交往能力、养成乐观心态。

5. 身心护航：在强健体魄中塑造健全人格

（1）优化公共体育教学。学校成立了多个体育俱乐部，如足球俱乐部、篮球俱乐部、羽毛球俱乐部等，为学生提供了丰富多样的体育锻炼平台。学生可根据自己的兴趣爱好加入相应的俱乐部，参加俱乐部组织的日常训练和比赛活动。学校每年举办校运会、篮球赛、足球赛等体育赛事，吸引了众多学生参与。同学们在田径、跳远、跳高、投掷等竞技项目上展开激烈角逐，展现出青春活力和拼搏精神。

（2）供给群众性体育活动。学校倡导各学院举办以班级、寝室等为单位的群众性体育活动，不断扩大普通同学的参与面、覆盖面和渗透率，通过举办铿锵玫瑰女子拔河赛、我和我的导师/导员师生羽毛球赛等活动，让更多的同学参与其中，使同学们在群众性体育活动中凝聚团队感情、释放学习压力。

（3）创新“青春”文体活动。充分结合青年大学生的生活特点，连续举办“青春第一唱 · 迎春音乐节”“青春第一跑 · 赭麓悦跑”“青春舞会 · 青春第一舞”等活动十余场次，引领万余人次大学生走出宿舍，交友学习、拥抱青春，真正营造“周周有活动、处处有惊喜”的校园文化氛围，护航大学生健康成长。

（三）护航案例

H同学自高中起便受心理问题困扰且有就诊经历，步入大学后，其面临的困境进一步加剧。身心层面，脑部供血不足、神经衰弱、抑郁焦虑，甚至出现自残行为。情绪极不稳定，在抑郁与亢奋两种极端状态间波动，情绪低落时身体乏力、呼吸急促，而亢奋时则表现出烦躁不安且易发火冲动的症状。家庭层面，因父母存在重男轻女观念，致使其与家庭关系恶化，达到拒绝与父母通话及见面交流的程度。

面对H同学的艰难处境，学院迅速启动了全方位的护航行动方案。在思想护航上，辅导员切实履行职责，坚持每日与H同学进行深入交流，安排专人与H同学同住，实现24小时不间断关注。在心理护航上，学院层面高度重视，党政联席会议多次专题研讨H同学的帮扶策略，班子成员协同专业主任等召开系列协商会议，学院领导积极与家长展开多次面谈，同时积极联系学校学生心理健康教育中心开展专业心理咨询服务达5次，并精心安排学院心理驿站进行专项辅导1次，在此基础上建立起完善的专项帮扶举措与详细的帮扶台账。在生活护航上，考虑到H同学家庭经济的特殊困难状况，学院经党政联席会议研究决定，为其提供3000元的专项资助，并临时增设1个毕业班勤工助学岗位，以切实减轻其经济负担。在学习护航上，重点针对论文写作给予大力支持，在其论文初稿基础上安排专业人员协助其修改完善，全力推动其毕业答辩的顺利筹备。

经过学院多方面的不懈努力与精心呵护，H同学最终成功克服重重困难，顺利完成学业并如期毕业。尤为值得欣慰的是，H同学凭借自身努力成功通过西部计划选拔，正式踏上志愿者工作岗位，开启了人生新的发展篇章。这一成果充分彰显了学院护航行动的显著成效与深远意义，不仅成功护航了一名学生的身心健康与学业前程，更为其未来的人生发展奠定了坚实基础，同时也为学院今后处理类似学生困境提供了极具价值的参考范例与成功经验。

（四）经验启发

1.以学生为中心：教育的靶向定位

大学生护航计划始终秉持以学生为中心的理念，将学生的需求、权益和全面发展置于首位。这一举措深刻体现了学生是教育的主体的理念，所有的教育活动和资源配置都应围绕学生展开。例如，在制定培养方案和学生活动方案时，充分调研学生的兴趣爱好、职业规划以及面临的实际问题，根据学生的反馈及时调整课程设置、优化实践教学环节、丰富校园文化活动内容。这种以学生为中心的教育模式，就如同精准的靶向治疗，能够直击学生成长过程中的关键需求，为他们提供个性化的支持与引导，最大限度地激发学生的潜能，使每一位学生都能在大学期间找到适合自己的成长路径，真正实现因材施教。

2.全员协同育人：教育的多元力量汇聚

深化全员协同育人是大学生护航计划的又一关键经验。高校是一个复杂而多元的系统，专业教师、党政管理人员、后勤保障人员以及社会力量都在学生的成长过程中扮演着不可或缺的角色。专业教师不仅在课堂上传授专业知识，还以导师的身份参与学生的科研项目、学科竞赛指导以及职业发展规划，用深厚的学术造诣和丰富的实践经验为学生点亮前行的道路。党政管理人员则从宏观层面统筹规划，制定有利于学生成长的政策制度，协调各方资源，保障学校教育教学工作的顺利开展。后勤保障人员通过营造舒适、安全的校园生活环境，为学生的学习和生活提供坚实的物质基础。而社会力量的引入更是为学生打开了一扇通向广阔社会的大门，企业为学生提供实习实训基地，行业专家带来前沿的行业动态和实践经验分享，社会组织开展公益活动和社会实践项目开阔学生的视野。这些多元力量相互协同、相互补充，形成了一个全方位、多层次的育人网络，如同一个强大的教育生态系统，为学生的成长提供了丰富的养分和广阔的空间，使他们能够在不同的成长阶段和需求场景下都能得到及时且有效的支持与引导。

3.激发内生动力：教育的内在驱动引擎

大学生护航计划注重进一步激发学生内生动力，这一举措抓住了学生成长的关键核心。当学生具有强烈的内生动力时，他们会更加主动地追求知识、提升自我、规划未来。通过帮助学生明确发展目标，例如组织开展职业生涯规划讲座、行业前景分析研讨会以及优秀校友事迹分享会等活动，让学生清晰地了解不同专业的就业方向和发展潜力，从而结合自身兴趣和优势确定自己的职业理想和短期、中期、长期目标，使学生能够更加客观地认识自己，在面对复杂多变的外部环境和激烈的竞争时，能够充分发挥优势、弥补劣势、把握机会、规避威胁，制定出切实可行的目标实现路径。这种从内部激发学生动力的方式，就像为学生的成长安装了一台强劲的引擎，驱动他们在大学期间乃至未来的人生道路上持续自主地学习、探索和进步，培养出独立思考、自我管理和终身学习的能力，真正成为自己成长道路上的主人。

安徽师范大学大学生护航计划通过思想、学习、生活、情感、身心五个方面的全方位护航举措，形成了一套系统完善、行之有效的高校安全稳定工作模式。这些工作案例不仅为学校的安全稳定和学生的全面发展提供了有力保障，也为其他高校在安全稳定工作方面提供了宝贵的经验借鉴。在未来的工作中，安徽师范大学将继续深化护航计划，不断探索创新，为培养德智体美劳全面发展的社会主义建设者和接班人而努力奋斗。

（报送单位：保卫处　新闻与传播学院）

情感护航——润物无声育真情，和谐共生聚合力

“情感护航”是我校大学生护航计划的重要环节，旨在通过情感教育与心理疏导双轨并进，为学生构建健康的人际关系与情感支持网络。学校创新打造“交友+家庭”情感育人模式，依托主题班会、谈心谈话等深化情感教育，引导学生培养积极情感、化解消极情绪；通过专家辅导、朋辈互助等多元形式，系统开展交友观、恋爱观与家庭观教育，帮助学生树立理性包容的情感价值观。同时，以“运动、读书、交友”为切入点，常态化举办“花津大讲堂”人文讲座、“青春”文艺赛事及读书分享会等活动，让学生在文化浸润中提升情感表达与共情能力，为学生全面发展注入情感动能。

高校不仅是知识传承的殿堂，更是情感培育与人格塑造的重要场域。“情感护航”是践行“三全育人”理念、落实立德树人根本任务的生动实践，学校通过家校协同共筑“成长共同体”——定期召开家长座谈会、开展重点学生家访，推动家庭教育与学校教育同频共振；充分发挥朋辈共育优势，以文体活动为载体拓宽情感交流渠道，培养学生自尊自信、理性平和的健康心态。这一体系既为学生提供了情感疏导的“安全阀”，也为培育具有健全人格、家国情怀的时代新人厚植了情感沃土。

《打造家校协同育人“共联体”，探索一体化护航新模式》案例通过构建“一案、一册、一校、一室、一题”的家校协同育人支撑体系，采取线上线下家访、开办“零壹家长学校”及开展理论和实践研究等做法，举办“家长开放日”“家长沙龙”等活动，设置“家长信箱”、筹备家校协同育人辅导员工作室等，增进家长信任，提高家长关心子女心理健康的意识，助力家长树立正确的教育观念，明确家庭教育职责，从而充分增强家校共联、合作育人的聚合力，以达成一体同频共筑成长的目的。

《构建家校协同“三筑”体系，探索情感护航新路径》案例以创办“零壹家长学校”为牵引，从日常工作“主阵地”筑实情感护航底盘、家校共育“云课堂”筑强情感护航底气、多元协同“组合拳”筑牢情感护航底线等方面构筑家校协同“三筑”体系，先后举办“新生家长会”“进校园、护生活、我参与”“家庭教育专家报告会”“寒假学业规划辅导会”共4期家校共育活动，提高家校互信度，培育稳定的同伴互助团体，进而共同助力大学生情感护航。

《打造“四位一体”护航体系，共绘边疆学子成长“同心圆”》案例旨在解决新疆籍学生生活困难问题，提升其学业成绩，保障其身心健康。通过强化思想引领、促进民族团结，把握好成长“方向盘”；开展“一对一”跟进指导，以促进学生学业进步；开展经济援助与心理访谈，以解决后顾之忧；构建家校沟通机制、搭建协同育人平台，以提供成长动力源。先后服务马恬静、帕热扎提等13名新疆籍学生，提高了边疆籍学生的综合素养及就业能力，助其顺利完成学业、实现个人职业发展。

《全方位贯彻本科生导生制，护航赋能本科新生全面发展》案例制定实施《安徽师范大学地理与旅游学院本科生导生制实施细则》，以进行顶层设计；严格选拔与落实导生制，充分发挥引领作用；导生全面融入新生学业、心理、思想、生活等方面，致力于护航本科新生全方位发展。2023级新生对本科生导生的满意度在98%以上，在导生引领下，本科新生学习积极性、主动性明显提升，学习更加具有针对性、方向感。同时，针对导生在履职过程中出现的问题和不足，及时加以指导和帮助，以提高其自身素质。

《构建三位一体朋辈教育新范式，以榜样示范引领护航学生成长》案例致力于充分发挥高年级优秀学生的榜样示范引领作用，护航不同年级本科生群体成长。学院通过“育”典型、“树”典型、“学”典型三种方式，来培养身边的“青春榜样”、绘制校园的“精神坐标”及引领青春的“成长航向”，进而开展朋辈教育，发挥优秀学子的典型示范引领作用。2024年，学院重在通过打造“青春丝语”平台，创新开展大学生职业生涯规划教育，打造品牌育人的良好氛围，将朋辈教育优势与因材施教的个性教育融入不同学生群体教育中，引领学生更好地发挥自己的潜力和优势，护航其全面成长。

《以“小”见“大”，“青春剧场”护航成长路》案例打造“青春剧场”校园文化品牌，以“小切口”撬动“大能量”，聚焦“运动、读书、交友”，创新“小先生”制，鼓励学生广泛参与，传递人文关怀，提升学生审美素养与身心活力，营造积极健康的校园文化氛围。

打造家校协同育人“共联体”，探索一体化护航新模式

数学与统计学院围绕护航计划“家校社医”一体化育人体系，不断优化工作思路，初步形成了“一案、一册、一校、一室、一题”的“五个一”家校协同育人支撑体系，建立健全协同育人机制，增强协同育人共识，提升协同育人实效，家校齐心协力护航学生健康成长、成人成才。

（一）基本情况

“五个一”家校协同育人支撑体系，即制定《数学与统计学院家校协同育人工作方案》，编印《数学与统计学院家校协同育人家长手册（试用版）》，开办“零壹家长学校”，谋划筹建家校协同育人辅导员工作室，积极围绕家校协同育人组织科研课题申报。工作开展以来，学院家校共育实践逐步深入，家校协同育人成效初显。家长们用“安徽师范大学大学生护航行动计划很真实”“数学与统计学院扎实细致的‘五护’工作让我们家长听了感觉心里很踏实”“把小孩放在学校，我们家长很放心”“感受到了学校、学院全体教职员工的真、善、美”等朴实语言表达对校、院护航工作的认可。

（二）特色做法

1. 开展好线上线下家访

组织学院领导班子、专业教师、辅导员、班主任重点面向校外住宿学生、经济困难学生、心理在库学生、休学复学学生等特殊学生群体，线上线下相结合开展家访，深入了解学生在家在校的思想动态、心理状态、学习和人际交往等基本学情，重点关注学生的实际困难和需求。同时建立家访档案，分类整理，研判帮扶措施，形成“一生一策”“一人一档”的帮扶方案。

2. 开办好“零壹家长学校”

通过“听、说、读、写”，探索性举办“零壹家长学校”。一是听政策、听学情。通过家长会等途径向家长介绍学校教育、管理、服务等办学情况，实现学情共享。二是家长说、专家说。学院定期举办“家长开放日”“家长沙龙”等活动，邀请家长来校交流，邀请教育学、心理学等领域专家进校开展讲座、培训、咨询等交流活动。三是读教育、读心理。辅导员依托微信公众号等新媒体平台向家长推送优质学习资源，向家长提供学生常见心理问题操作指南等心理健康“服务包”。四是写建议、写反馈。设置“家长信箱”，制作“家长学校反馈表”和“家庭教育服务调查表”，及时了解家长需求和意见反馈。

3. 开展好理论和实践研究

一是组织编写《数学与统计学院家校协同育人家长手册（试用版）》，系统梳理科学的家庭教育理念与方法；二是筹划建立家校协同育人辅导员工作室，打造专业化研究平台；三是积极申报科研课题，目前已申报安徽省质量工程项目和学校护航课题。同时，持续优化家校共育实践体系，创新开展“家长学校”系列课程、“家长开放日”等品牌活动。通过强化组织领导、固化实践成果、完善长效机制，着力构建科学化、系统化、常态化的家校协同育人体系。

（三）经验启示

1. 家校共情

家长的信任是学校和学院做好家校协同育人的前提。校院要建立健全家校沟通长效机制，通过开设家长学校、组织校园开放日等多元化途径，让家长深入了解学校的办学理念、教育特色和育人成果，家校在双向互动中增进理解、凝聚共识、形成合力，共同促进学生的全面发展和健康成长。

2. 共享共育

家校可通过家长会、家长沙龙、线上线下家访等形式实现学情共享。学校应该积极开展家庭教育指导活动，帮助家长树立正确的教育观念，明确家庭教育职责，掌握科学的教育方法。

3. 共建共赢

家校需要构建开放、包容的合作平台，鼓励家长参与到学校人才培养工作中来。同时，建立家校反馈机制，及时收集家长意见建议，优化育人模式。家长也应主动配合学校工作，达成教育理念共识，实现资源互补、优势共享，最终达成家校携手、学生受益的共赢局面。

（报送单位：数学与统计学院）

构建家校协同“三筑”体系，探索情感护航新路径

数学与统计学院贯彻落实全员育人的工作理念，以创办“零壹家长学校”为牵引，从日常工作“主阵地”筑实情感护航底盘、家校共育“云课堂”筑强情感护航底气、多元协同“组合拳”筑牢情感护航底线等三个方面探索构建和完善家校协同共护学生情感新模式。

（一）基本情况

“零壹家长学校”通过日常工作“主阵地”监测干预、“云课堂”专家授课、多元协同“组合拳”精准帮扶，情感护航成效初显，涉生安全责任事故零发生，各项育人指标稳中向好。举办“新生家长会”“进校园、护生活、我参与”“家庭教育专家报告会”“寒假学业规划辅导会”共4期家校共育活动，参与学生及家长1700余人次。家长们用“学院扎实细致的情感护航让我们家长感到很温暖、很放心”等朴实语言表达对校、院情感护航的认可。“我不想给辅导员老师添麻烦，我要好好生活下去。”某位心理危机学生在谈心谈话时这样说道。

（二）特色做法

1.“主阵地”筑实情感护航底盘

针对身心特殊学生，学院通过主题班会、团体辅导活动等形式开展心理健康教育，多渠道动态掌握学生身心状态，确保问题学生得到及时干预和专业诊疗。辅导员与问题学生谈心谈话每月至少1次，家校沟通每月至少1次，做到“宣测咨治”全流程衔接。针对学业困难学生，学校及时预警，学院立即介入，家长主动关注，联动专业课老师和学生骨干，共商帮扶策略，精准进行教育引导。在新生入学、开学报到、假期离校、毕业典礼等重要时间节点，邀请家长代表来校，组织家长会、家长沙龙等活动，引导家长有序参与到大学生情感护航中来。设置“家长信箱”，制作“家庭教育服务调查表”和“家校活动满意调查表”，及时了解家长需求和意见反馈。

2.“云课堂”筑强情感护航底气

依托“零壹家长学校”，邀请心理学、教育学等领域专家，开设家校护航“云课堂”，举办培训讲座、咨询服务、经验交流等活动。围绕亲子关系维护、家庭教育理念、心理健康教育等方面的内容，每学期线上为家长授课至少1次，帮助家长树立正确的教育观念，营造和谐的家校联动育人氛围，为共同构筑家校协同情感护航体系奠定坚实基础。

3.“组合拳”筑牢情感护航底线

坚持以生为本，始终想学生之所想、急学生之所急，搭建师生交流平台，2024年度开展院领导接待日5期，认真关注并及时解决学生提出的思想、学习等方面的问题，鼓励学生积极关注和参与学院建设与发展。学院领导干部、辅导员、班主任常态化深入学生宿舍进行谈心谈话。对特别贫困和有心理危机、基础疾病等重点学生群体开展实地家访，精准掌握学生面临的实际困难与需求，为学生量身定制更具针对性的帮扶措施。充分发挥朋辈力量，开展朋辈心理护航能力提升训练营，助力重点学生情感护航。辅导员向家长推送优质学习资源，向家长提供学生常见心理问题操作指南等心理健康“服务包”。

（三）经验启示

1.共情共育

学校和学院要建立常态化的家校沟通机制，通过家长会、家长沙龙等形式，增进家校互信互助。学校应积极开展家庭教育指导活动，帮助家长树立科学的教育观念，明确家庭教育的职责与作用，掌握科学有效的教育方法，营造家校协同育人的良好氛围。同时，鼓励家长参与学校活动，促进教育理念融合，共同助力学生健康成长。

2.朋辈互助

充分发挥朋辈教育贴近性强、认同度高的独特优势，通过举办朋辈护航能力训练营活动，培养学生自我认知、情绪调节和危机识别的能力。完善“导生制”，打造符合学生心理特征的“倾听—陪伴—转介”三级互助模式，培育长期稳定的朋辈支持网络，营造温暖互助的校园文化氛围。

3.专业引领

组建由心理咨询师、生涯规划师、学业导师等构成的学院情感护航讲师团，定期开展“家校成长工作坊”活动，为家长提供个性化指导服务。针对不同年级学生的特点，开发分层分类的家庭教育课程资源库，实现精准化指导。

（报送单位：数学与统计学院）

打造“四位一体”护航体系，共绘边疆学子成长“同心圆”

经济管理学院深入贯彻落实新时代党的治疆方略，针对13名新疆籍学生构建“思想领航、学业导航、心理守航、家校护航”四位一体培养体系。通过铸牢中华民族共同体意识教育、精准学业帮扶、心理健康关怀和家校协同育人等措施，形成具有示范效应的边疆学子培养模式。

（一）基本情况

学院现有新疆籍本科生13人，涉及不同性别、年级、政治面貌和民族背景，其中男生3人，女生10人；2021级3人，2022级10人；中共预备党员1人，共青团员6人（其中入党积极分子1人），群众6人；汉族学生3人，少数民族学生10人（维吾尔族5人、哈萨克族3人、柯尔克孜族1人、塔吉克族1人）。

自2021年起，学院开展“共绘同心圆”活动，帮助新疆籍学生解决学习生活困难问题，提升其学业成绩，保障其身心健康，促进家校合作，护航工作成效显著，为学生全面发展打下坚实基础。

（二）特色做法

1. 思想领航，握好成长“方向盘”

（1）思想政治教育：通过专题会议、主题教育学习交流会等，强化思想引领，促进民族团结，引导学生积极实践。组织学生参加社会实践活动，培养学生的责任感和奉献精神。新疆籍学生孙玉婷获院“十佳大学生”称号。

（2）成长规划指导：举办职业规划讲座、就业指导会，帮助学生明确职业目标；开展学业规划指导，帮助学生合理安排学习任务。新疆籍学生马恬静、帕热扎提参与实习实践活动，获得企业肯定。

2.学业导航，绘制成长“施工图”

（1）成立互助小组：针对专业实践能力提升需求，组织学习互助小组，进行语言表达、应聘技巧训练。组织新疆籍学生参加MHK（中国少数民族汉语水平等级考试）。

（2）精准帮扶与跟进：新疆籍学生均是从内高班考入大学的，因此数学类、英语类课程基础相对薄弱，对较复杂的运筹学等课程学习吃力。学院精准梳理新疆籍学生的学业情况，针对其弱势科目和未通过课程开展“一对一”跟进指导，确保他们顺利完成学业。

3.心理守航，解决成长“后顾忧”

（1）生活关怀：对7名家庭经济困难学生发放助学金，设置勤工助学岗位。新疆地震后，举行线上慰问会，并邮寄棉被，发放补助金。寒假期间，帮助1名学生解决家庭矛盾，购买车票，补助路费。

（2）心理辅导：定期与学生谈心，了解学生心理状态，提供个性化心理辅导方案。举办心理健康讲座和团体辅导活动，增强学生心理素质。

4.家校护航，凝聚成长“动力源”

（1）家校沟通机制：建立家校沟通机制，定期与家长联系，反馈学生在校表现和学业情况。

（2）协同育人平台：与地方政府、企事业单位合作，为学生提供实习实训、社会实践机会；邀请行业专家和企业家来校交流，开阔学生视野。

（三）经验启示

1.多措并举，建立切实有效机制

学院将进一步提升边疆籍学生的综合素养及就业能力。通过增设与专业紧密相关的实践项目，强化学生的实操技能。同时，学院将深化与企业的合作，为学生提供实习岗位，以便学生更深入地了解行业动态，提前适应职业环境。

2.点面结合，护航学生成长发展

学院计划定期举办“同心圆”职业规划与就业指导活动，协助学生确立职业目标，提高求职能力。在心理辅导方面，学院将持续优化心理辅导体系，定期对边疆籍学生心理状况进行评估，及时识别并解决学生的心理问题。

学院将继续做好护航计划，为边疆籍学生提供全面的支持，确保他们能够顺利完成学业并实现个人职业发展。

（报送单位：经济管理学院）

全方位贯彻本科生导生制，护航赋能本科新生全面发展

为深入贯彻落实护航计划，深化教育教学、学生管理和人才培养模式改革，发挥朋辈教育和同伴教育在学生成才成长中独特的优势作用，地理与旅游学院全方位推深做实本科生导生制，积极探索学生教育管理创新举措，为新生全面发展护航赋能。

（一）基本情况

2023年9月，地理与旅游学院在455名2023级本科生中全面推行本科生导生制，遴选25名品行正、学业优、能力强的高年级优秀本科生担任新生导生，聚焦新生最关心、最直接、最现实的思想引导、学业指导、心理疏导、生活辅导等急难愁盼需求，创新本科生导生制的内容与方法，有效提升了新生的获得感、幸福感、安全感。

（二）护航举措

1.高度重视，创优机制

创新实施学生党员先锋领航工程、学生典型学业导航工程、学生心

理健康护航工程、学生生活良好习惯助航工程，制定实施《安徽师范大学地理与旅游学院本科生导生制实施细则》，进行顶层设计，提供制度保障，确保本科生导生制贯彻落实。

2. 严把质量，强化管理

严格落实本科生导生选拔任用的条件要求，做到本科生导生制不变形、不走样。选拔任用政治素质过硬、综合素质全面、服务意识突出的高年级学生作为本科生导生，对2023级全体新生进行思想引导、学业指导、生活辅导、心理疏导，充分发挥本科生导生朋辈教育的示范引领作用。

3. 全面融入，狠抓落实

一是强化思想引导。导生坚持以良好的思想政治素质和道德品行影响受导学生，关心关爱受导学生，帮助低年级同学树立正确的世界观、人生观、价值观。二是聚焦学业指导。导生通过自我示范和带头作用，帮助受导学生明确学习目的，端正学习态度；根据受导学生的学习能力、兴趣、爱好，指导受导学生制订科学合理的学习计划，养成良好的学习习惯，并强化受导学生的技能提升。三是重视心理疏导。导生要有针对性地对受导学生进行心理疏导，缓解其心理压力，解除其心理障碍，并且在沟通、交流中做到既有教育引导，又能启迪心灵。四是加强生活辅导。导生要深入宿舍，与受导学生沟通交流，帮助受导学生养成有利于身心健康、学习进步的好习惯，指导受导学生科学安排日常生活，形成强烈的集体荣誉感和良好的生活习惯。

（三）经验启示

1. 坚持全过程引领

本科生导生全周期参与2023级新生的大学生活规划、学习习惯养成、期末复习备考等重要节点，组织开展新老生经验交流等活动，让新生在任何时候、有任何疑问都能得到本科生导生的帮助和引领。经初步统计，2023级新生对本科生导生的满意度在98%以上。相比之前没有实施本科生导生制的班级，实施本科生导生制班级的学生在专业学习、学科竞赛、社会实践等方面的积极性、主动性明显提升，学习更加具有针对性、方向感。

2.坚持全方面融入

在过去的一年，学院高度重视发挥本科生导生在2023级新生思想、学习、情感、生活等方面的引领作用。例如，新生军训期间，担任助训教官的本科生导生，既抓学生的军事训练，也通过军训和学生接触交流，及时发现新生在大学适应、思想状况等方面的异常，及时反馈给学院协调处理。

3.坚持全链条培养

在发挥导生作用的同时，注重导生的培养、教育、管理和激励，针对导生在履职过程中出现的问题和不足，及时加以指导和帮助，对表现优秀的导生在党（团）员发展、评优评先等工作中予以体现，让导生在指导新生的过程中，也能得到成长和发展。

（报送单位：地理与旅游学院）

构建三位一体朋辈教育新范式，以榜样示范引领护航学生成长

高校人才培养是一项系统工程，需要多方力量协同推进。文学院立足学生发展需求，将朋辈教育作为人才培养的重要抓手，通过构建“育典型—树典型—学典型”三位一体的朋辈育人体系，为青年学子健康成长保驾护航。

（一）基本情况

文学院持续发挥“三全育人”综合改革实效，打造青春丝语、青春导航、“职”面未来等育人平台，构建全覆盖、分层次的朋辈育人体系，开展适应性教育、实践能力提升、学业职业发展规划等专题活动年均20

余场次，覆盖全院2500余名学生，形成“人人参与、互学共进”的育人生态。近两年来，学生获得省级以上学科竞赛奖励500余人次，培养出一批获得全国高校“百名研究生党员标兵”、安徽省“十佳大学生”、安徽省“自强之星”等称号的青年典型。工作案例入选教育部“礼敬中华优秀传统文化”文化育人创新工作案例。中央电视台、《中国教育报》等主流媒体对学院育人工作进行了报道。

（二）特色做法

1.“育”典型，培养身边的“青春榜样”

文学院结合“三全育人”综合改革试点工作，按照“分类引导”的工作思路，积极探索典型引领育人路径和工作机制，充分发挥优秀学子的示范榜样作用。学院注重从志愿服务、社会实践、自强奋斗、道德示范等方面培育学生典型，开展“优秀大学生”“自强之星”“十佳志愿者”“优秀寝室长”等各类评选活动，遴选了一批素质过硬、学生公认的优秀典型。同时，学院大力推进青年马克思主义者培养工程，组织薪火团校学生骨干培训班，系统对优秀学生典型进行理论知识、道德素养、组织管理等培训，不断提升青年榜样的培养质量。

2.“树”典型，绘制校园的“精神坐标”

学院重视学生典型的宣传工作，不断巩固育人成果。在学院官网设置“青年榜样”专栏，专题宣传典型学生事迹，让学生们在优秀青年的故事中汲取成长力量。运用微信公众号等新媒体平台引导学生畅谈身边的典型，推出《“研”值满满！三个寝室全员上岸》等网文，营造良好的“比学赶超”学风舍风。组织专题座谈会、评议会，引导广大学生在交流讨论中明方向、共成长，在思想碰撞中找差距、求进步。

3.“学”典型，引领青春的“成长航向”

学院注重发挥优秀学子“传帮带”作用，组建“青春导航”优秀大学生事迹宣讲团，面向全体新生开展集中宣讲。开展“青春丝语”经验交流活动，定期邀请不同类型的优秀学生，以访谈互动的形式，开展学习、生活、工作、心理等专题辅导。学院以本科生导生作为典型示范引领和学生自我发展的重要举措，选聘一批品行正、学业优、能力强的高年级优秀学子担任新生导生，协助辅导员做好新生教育管理服务工作，为新生提供多层次、多样化的“传帮带”服务。

（三）经验启示

1. 发挥朋辈教育的独特优势

通过护航计划的实施，我们深刻认识到朋辈教育在学生学习和成长过程中发挥着不可替代的重要作用。朋辈的榜样力量，让学生更加容易接受和认同他们的建议和指导。同时，朋辈之间的交流和互动，也能够让学生更加放松和自在，从而更好地发挥学生的潜力和优势。

2. 坚持因材施教的个性指导

通过深入了解每位学生的具体情况和个性化需求，为他们制订个性化的学业计划、职业发展和就业规划，减少“大水漫灌”的灌输式教育，多一些“小水滴灌”的针对性教育，助力学生更加明确自己的发展目标和未来方向。

3. 营造品牌育人的良好氛围

通过打造“青春丝语”“天门山下读书会”等育人品牌，丰富学生课余生活，增强学生主体性和参与感，提高学生综合素质和竞争力。这种良好的氛围不仅让学生们更加热爱学习、热爱生活，还为他们未来的发展奠定了坚实的基础。

（报送单位：文学院）

以“小”见“大”，“青春剧场”护航成长路

安徽师范大学认真学习贯彻习近平总书记关于教育的重要论述，深入落实党中央、国务院关于全面加强和改进新时代学校美育工作的部署

要求，紧紧围绕护航计划总体目标，聚焦“运动、读书、交友”三件大事，打造校园“青春剧场”护航品牌，构建面向人人的文艺活动体系，全面提升学生文化理解、审美感知、艺术表现、创意实践等核心素养。

（一）基本情况

安徽师范大学“青春剧场”举办文化艺术活动年均20余场次，联动三校区，吸引万余名师生共同参与，营造“周周有活动、处处有惊喜”的校园文化氛围。相关事迹被新华社、《中国青年报》《安徽日报》等主流媒体报道10余次。

（二）特色做法

“青春剧场”活动以文艺表演为主要形式，以护航学生身心健康、情感健全为主要目标，通过以“小”见“大”的独特视角与行动路径，护航学生健康成长。具体做法包含以下几个方面：

1.向“全”布局：“小空间”打造“大场景”

“青春剧场”活动形式全、创意优。活动内容涵盖歌曲、舞蹈、戏剧、曲艺、器乐、影视等。举办“青春四季”校园音乐节，以四季更迭为灵感，设计一系列主题鲜明、内容丰富的音乐活动；举办“青春舞会·青春第一舞”，千名师生共舞青春；举办“青春剧场·青春第一剧”，将师生原创话剧作品引入校园舞台，用优秀的艺术作品展示当代大学生奋发向上、高尚健康的精神风貌；举办“周杰伦音乐”“刘德华音乐”专场演唱会，共同唱响几代人的“青春”回忆；举办首部思政课教师题材电影《我要当老师》点映活动和红色影片放映活动。

2.向“精”聚焦：“小先生”成就“大舞台”

“青春剧场”活动师资优、指导强。2023年起，校团委（大学生艺术教育中心）、教务处创新制定“大学生艺术团‘小先生’选拔聘任”制度，选聘具有扎实专业基础和丰富艺术实践经验的硕士研究生担任艺术团“小先生”，承担艺术团日常管理、教学、指导等工作，面向全校学生开设舞蹈、戏剧、合唱等艺术实践课程。学校以艺术团为阵地，以艺术实践活动为载体，高效整合师资力量，充分发挥学生教育自主性，通过学生榜样“传帮带”助力学生自我教育、综合发展。

3.向“下”延伸：“小平台”汇聚“大能量”

“青春剧场”活动延伸快、辐射广。活动采用“我要上典礼”“青春剧场等你来唱”等自主报名方式，“校—院—班”三级联动，自下而上激发学生的自主参与热情，打破艺术教育的参与壁垒，鼓励广大学生从台下走到台上，从观众变为创作者与表演者，通过丰富多彩、形式多样的文艺活动，营造浓郁的校园艺术氛围，实现公共艺术教育的全面覆盖与深度渗透。

4.向“爱”迈进：“小关怀”传递“大爱心”

“青春剧场”活动温情满、爱意浓。为帮助特殊学生群体积极参与校园文化活动，营造更加包容、友善、和谐的活动氛围，活动设置“爱心门票”“爱心专座”，并采用适当的方式引导特殊学生群体走出寝室、走向操场、走向活动现场，纾解情绪，释放压力，广泛交友，拥抱青春。

5.向“广”拓展：“小切口”推动“大传播”

“青春剧场”活动传播快、赞誉广。活动利用共青团组织的“自带流量”和“自有渠道”，活动前在团属新媒体进行预热宣传，活动后动员社会各方面的力量，整合校内媒体与校外媒体的优势，通过报纸、网络、视频号、微博等媒介开展立体宣传，扩大典型宣传的社会影响。

（三）经验启示

1.美育平台“搭起来”

“青春剧场”平台的搭建为校园护航提供了新阵地。在校园打造固定活动空间，多频次、多形式、多维度开展“青春剧场”文艺活动，让学生想得起、看得到、够得着、用得上。

2. 青年学子“动起来”

“青春剧场”活动为学生提供了一个交流合作的广阔空间。活动形成了一种跨学科、跨领域的交流合作模式，不仅丰富了学生的社交圈，更培养了学生的团队协作精神与人际交往能力。

3. 艺术氛围“热起来”

“青春剧场”活动的广泛传播为校园护航拓宽了覆盖面。活动辐射百名艺术骨干、千名艺术活动参与者、万名具有鉴赏能力的校园艺术活动受众，引导青年学生在活动中释放心理压力，提升审美素养，促进综合发展。

（报送单位：校团委）

身心护航——强健体魄润心田，全面发展奠基石

“身心护航”是我校大学生护航行动计划的重要基石，旨在深入贯彻落实健康中国战略部署，为学生健康成长与全面发展提供坚实的身心保障。学校积极推进“身体+心理”健康习惯培育，全覆盖开展生命教育，着力提升学生珍爱生命、乐观向上的心理品质与求助意识；精准优化“校—院—班”三级“心语”心理健康教育活动，深化“校—院—班—舍”闭环式干预机制，健全筛查预警与“一生一档一策一队”精准帮扶机制。

高校不仅是知识传授的殿堂，更是培育健全人格、赋能健康生活的关键摇篮。“身心护航”是深入践行以生为本理念、促进学生可持续发展的重要实践，是将其融入、渗透、贯穿于人才培养全过程的有力保障。“身心护航”通过多维度、系统化的身心健康支持体系，引导学生锤炼强健体魄、培育阳光心态，塑造学生坚忍不拔的意志品质和积极乐观的生活态度，确保学生身心两健、精力充沛，成长为德智体美劳全面发展的社会主义建设者和接班人。

《强化急救教育培训，筑牢师生生命防线》案例构建“培训—应急—普及”三层防护网，强化培训提升师生急救能力与AED（自动体外除颤器）操作技能，畅通校内外绿色通道，优化急救流程，精准落实健康筛查，并向师生广泛普及健康知识。实践证明，其为构建平安校园、筑牢师生生命防线提供了宝贵范例。

《关口前移强预防，全程护航促成长》案例倡导“关口前移”，扎实开展监测，建立“一生一档一策一队”心理档案，完善“院—班—舍”三级预警体系与协作机制。结合情感教育、家校联动、丰富素拓活动营造健康环境，有效识别并干预风险，实现全程护航，是保障学生健康成长的优秀实践。

《构建“五维”护航体系，全力保障学生身心健康》案例创新构建身心护航体系，整合全员参与、健全机制、家校协同、朋辈帮扶及文体活动五大维度，通过网格化管理、“一对一”结对帮扶、动态关注等精准措施，形成强大的支持网络，实现全过程、全方位守护学生身心健康。

《“双驱联动”共发力，协同护航促健康》案例深度融合心理健康与生命教育，完善心理辅导与危机干预体系，落实五级保健网。同时大力倡导体育锻炼，通过特色活动与奖励机制激发学生热情，促进学生身心协调发展。不仅关注学生个体，亦重视家校协同与团队建设，提供全面支持。

《依托特色文体活动，护航学生身心成长》案例以贴近学生、形式多样的寝室文化节、素质拓展等活动为载体，注重团队参与，强化集体意识，引导学生走出宿舍，拥抱户外，在寓教于乐中锻炼身心、融洽关系、收获快乐，实现全面发展。

《依托“心语树洞”，护航学生幸福成长》案例立足于学生发展的心理需求和时代特点，通过匿名的方式广泛征集学生在学习、人际交往、恋爱情感等方面遇到的心理困惑，促进学生真实表达，并邀请心理咨询师对问题进行解答并发布。“心语树洞”已开展150余期，为1000余名同学线上答疑解惑，累计形成了30万余字的文本资料，分年度编印成3本《解“忧”心语》系列丛书，通过科普宣传的方式消除学生心理困惑，护航学生幸福成长。

强化急救教育培训，筑牢师生生命防线

大学生的健康关系着家庭幸福、国家和民族的未来。安徽师范大学校医院贯彻总体国家安全观，秉持“大安全”理念，在应对突发医疗事件、提升师生应急救护能力上持续努力，通过构建培训体系、畅通急救通道等一系列举措，切实保障师生健康，筑牢和谐校园安全基石。

（一）基本情况

校医院是保障师生健康安全的前沿阵地，承担着日常医疗服务和校园突发事件的应急处置等多重职责。2024年，校医院在高质量完成师生常见病、多发病诊疗工作的同时，积极为校内各项大型活动提供医疗保障，出诊响应率100%，全年处置突发急救事件23次，其中3起危急病例在校医院医护人员的高效院前急救下保障了学生的生命安全，展现了校医院专业的应急救护水平和高效的院前急救能力。

（二）特色做法

1.分层培训，提升急救能力

一方面，定期组织校医院全体医护人员进行业务学习，确保医疗团队具备过硬的专业应急救护能力；另一方面，将急救知识和技能培训延伸至师生群体，重点面向学生楼长、层长、寝室长等学生骨干开展校园急救知识专题培训；同时，为辅导员、图书馆工作人员、公共楼宇管理员等教职工群体提供急救知识和AED操作培训，提高教职工的急救能力。

2.畅通通道，优化急救流程

学校积极与弋矶山医院、芜湖市第二人民医院等地方重点医疗机构建立并完善医疗急救绿色通道合作机制。这一机制确保了校内发生的危急重症师生能够在最短时间内得到高效的救治服务，是保障师生生命安全的“快速通道”。

3.精准筛查，筑牢健康防线

校医院认真做好新生入学体检工作，并及时出具体检报告。对体检中发现的存在身体疾患的学生进行分类医学指导，提出针对性的处理建议。对于需要重点关注的学生，校医院第一时间将体检结果反馈给相关辅导员，与辅导员共同督促学生进行复查和诊治，将健康管理关口前移。

4. 多措并举，普及健康知识

校医院开设“大学生健康教育”通识课，并依托校园内的各类宣教载体，广泛普及健康知识。积极开展义诊活动和疾病预防专题讲座，解答师生健康疑问，提升师生健康素养。同时，强化与学生社团的联动与合作，通过学生喜闻乐见的方式，推动健康教育入脑入心。

（三）经验启示

1. 强化培训，提升医疗专业能力

定期组织医护人员开展业务学习，加强医护人员急救技术实践操作培训，确保急救队伍专业素养持续提升。

2. 完善机制，优化应急响应效率

加强医德医风教育，健全院前急救工作机制，确保在紧急情况下能够快速响应、高效处置。

3. 普及教育，增强自救互救意识

面向全校师生开展急救知识普及教育，提高师生急救意识和自救互救能力，构建校园急救防护网络。

（报送单位：校医院）

关口前移强预防，全程护航促成长

2024年，法学院坚持“预防为主、关口前移”，构建“心理健康普测—网格化动态排查—分级分类干预”的工作机制。依托“院—班—舍”三级预警体系，精准建立心理危机在库档案43份，形成动态跟踪、家校联动、专业支撑的闭环管理模式。全年实现心理危机事件“零责任事故”，有效筑牢了学生心理健康安全防线。

（一）基本情况

学院心理危机在库学生较多，部分学生需要重点关注，存在高风险。2024年学院通过心理健康普测、心理健康委员识别、春季秋季学情调研、辅导员谈心谈话等途径摸排，建立身心特殊学生工作档案，扎实推进身心护航工作，实现零责任事故。

（二）特色做法

1.扎实开展心理监测工作，加强情感护航

学院依托学校学生心理健康教育中心，从大一至大四定期开展心理健康测评，坚持预防为主、关口前移，建立“一生一档一策一队”心理档案和干预方案。学院邀请学生心理健康教育中心老师对辅导员进行业务指导。辅导员通过召开主题班会、开展谈心谈话等形式加强学生情感教育，引导学生培养积极情感，学会调控消极情绪。学院依托“一站式”学生社区、“一苑一品”育人驿站、“策略法学大讲堂”、“社会治理讲坛”、“赭津实务讲坛”等平台，邀请专家举办报告会，同时开设辅导员工作坊，设立情感、人际交往等专题，为学生提供咨询。通过新生“开学第一课”和家长见面会等方式，开展大学生交友观、恋爱观、家庭观教育等，引导大学生学会积极健康的情感交流，不断提高大学生的人际交往能力。

2.完善心理预警干预机制，优化协作机制

完善“院—班—舍”三级预警工作机制，学院学工委定期召开专题研判会，辅导员定期走访学生宿舍，做好重点学生约谈与识别工作，建立学生心理健康档案，落实“院—班—舍”三级管理工作机制，做实辅导员、学生骨干24小时监测报告制度，实现“院—班—舍”闭环式干预机制。重点关注家族遗传、家庭变故、孤僻内向、情感受挫等带来的心理问题。发挥心理援助热线的作用，面向受自然灾害、事故灾难、公共卫生事件、社会安全事件等重大突发事件影响的学生人群，强化应急心理援助，有效安抚、疏导和干预。邀请学校学生心理健康教育中心、检察院、法院等部门共同开展学生心理健康和网络安全宣传教育。网上网下监测学生自伤或伤人等危险行为，及早发现某些学生存在的严重心理健康问题，畅通预防转介干预就医通道，及时转介、诊断、治疗。学院会同医院和学校学生心理健康教育中心等部门健全有精神或心理健康问题学生复学机制。

3. 丰富课外素拓活动，营造健康成长环境

学院加强“一站式”学生社区和“一苑一品”育人驿站建设，进一步完善育人工作体系，在赭山校区10栋102室建成“法苑空间”学生社区育人驿站，完善了心理辅导室、谈心谈话室、就业指导室等场所。开展“5·25”“10·25”心理健康月系列活动30余场；成立院篮球队、排球队、舞蹈队、龙舟队、演讲队、合唱队等学生兴趣组织；举办师生篮球赛、羽毛球赛、趣味运动会、“唱法”音乐节、“迎新生、迎新年”晚会等文体活动。落实体育竞赛奖励和《法学院学生体质健康测试奖励办法》，学生体质健康测试达标率达到99.6%（含优秀率2.02%，在全校排名第五），法学院学生在学校男女排球赛中分获亚军和第5名，男女篮球赛分获第6名和第3名，男子乒乓球双打比赛获季军，排舞比赛获第4名。2024级社会工作专业本科生张朗宁等荣获《我和我的祖国青春思政课》暨第十六届“青春新秀”新生才艺大赛一等奖。

（三）经验启示

1. 坚持预防关口前移

辅导员通过召开主题班会、开展谈心谈话等形式加强学生情感教育，引导学生培养积极情感，学会调控消极情绪；开设辅导员工作坊，设立情感、人际交往等专题，为学生提供咨询和引导。

2. 建立家校联动机制

落实“院—班—舍”三级预警工作机制，学院学工委定期召开专题研判会，辅导员定期走访学生宿舍，学生骨干24小时监测报告，对发

现的学生苗头性问题及时与家长沟通联系，畅通家校联动合作。

3. 营造健康育人环境

学院加强“一站式”学生社区和“法苑空间”学生社区育人驿站建设，完善心理辅导室、谈心谈话室等场所；开展“5·25”“10·25”心理健康月系列活动；成立院篮球队、排球队、舞蹈队、演讲队、合唱队等学生兴趣组织；举办师生篮球赛、羽毛球赛、趣味运动会、“唱法”音乐节、双迎晚会等文体活动。

（报送单位：法学院）

构建“五维”护航体系，全力保障学生身心健康

安全稳定是学校发展的“生命线”，是推进各项工作的“压舱石”，关乎人才成长与学校未来。安徽师范大学音乐学院深入贯彻护航计划，立足专业特色与学生需求，紧密围绕身心护航核心目标，构建起覆盖全员、贯穿全程、协同全方位的“五维”护航体系。

（一）基本情况

学院心理危机在库学生比例高，成因复杂，风险等级较高。2024年学院通过全员参与、健全机制、家校协同、朋辈帮扶、文体活动等方式精准施策，全力开展身心护航专项行动，实现零责任事故。

（二）特色做法

1. 全员参与“护身心”

构建网格化重点群体学生帮扶小组，制定《音乐学院重点学生“一对一”护航帮扶工作方案》，成立以班子成员、党委委员和专业负责人、系主任、专业教师以及辅导员、班主任为护航主体的三级帮扶体系，实现重点学生“一对一”结对认领，将护航理念与举措融入日常教学管理

服务中，全力提升学院全员、全过程、全方位身心护航成效。

2.健全机制“暖身心”

完善心理健康教育工作，筑牢心理“防护墙”，实现新老生心理普测全覆盖；辅导员严格执行“一生一档一策一队”，精准提供心理疏导；落实每周进宿舍、进课堂、进网络、进活动、进家庭，重点关注特殊学生群体，常态化保持每周见面、每月谈话，动态跟踪、闭环管理，及时化解季节性和节点性心理困惑。

3.家校协同“育身心”

构建家庭—学校—社会协同育人机制，制定方案，畅通沟通渠道。举办新生家长见面会，落实家长开放日制度，开展家访活动，建立家访档案，线上线下与家长保持常态化联系，及时反馈学生在校情况，形成家校良性双向互动。针对重点学生，定期提醒家长陪同复诊，解答疑问，提供亲子沟通技巧，凝聚育人合力。

4.朋辈帮扶“润身心”

发挥优秀典型示范作用，常态化开展“青春导航”“党员先锋朋辈行”系列活动，结合班级导生选聘、专业宣讲、优秀事迹宣传等凸显榜样力量；完善班级“信息员”机制，依靠学生党员、班委、寝室长等骨干，及时发现身边同学的异常情况，构建“宿舍—班级—学院—学校”四级问题摸排和危机干预机制。

5.文体活动“健身心”

积极开展与协办“青春第一跳”、暖冬音乐节、新生才艺大赛等校园文体活动，深挖活动育人价值，营造健康向上的校园文化氛围；依托新媒体平台定期推送公众号推文，聚焦线上科普、线下辅导，让心理健康教育“活”起来；在“5·25”“10·25”心理健康月等关键节点，开展团体心理辅导及生命安全教育、适应性与挫折教育等活动，提升学生心理素质，护航学生成长。

（三）经验启示

1.夯实“责任网”，构建协同护航机制

严格贯彻落实高校立德树人根本任务和大学生护航行动计划，强化组织领导和责任落实，将学校、家庭、社会协同身心护航育人工作与学院教育教学各项工作结合起来，构建齐抓共管工作格局。

2.打造“智慧网”，筑牢身心护航防线

数字赋能护航身心健康。学院建立全面筛选机制，做到早发现、早研判、早干预，同时联合家校、专业教师、朋辈力量等多方资源，强化学生组织建设和学生骨干队伍培养，形成强大的支持网络，实现学生自我教育、自我管理、自我服务、自我监督，对学生做到思想上关怀、学业上鼓励、身心上爱护、生活上关心。

3.聚焦“特色网”，激发活动育人成效

依托学院专业特色，结合学院“第二课堂”实践活动，引导学生在活动中培养自尊自信、理性平和、积极向上的健康心态。

（报送单位：音乐学院）

“双驱联动”共发力，协同护航促健康

大学生身心健康教育是一项复杂而迫切的任务，涉及学生个体、家庭、学校和社会等多个方面，随着社会发展，其重要性愈发凸显，同时也面临着新的机遇与挑战。为落实护航计划，从身心护航角度，化材学院积极探索并实施了一系列工作和举措，推动学生身心健康协同发展。

（一）基本情况

高年级学生群体主要表现为升学、求职心理压力较大，低年级学生群体主要表现为适应能力差、学业负担重、人际关系难，部分学生身心素质较差。学院建立了全面的身心健康管理机制，实行特殊学生“一生一档一策一队”，定点帮扶，同时开展丰富的体育活动，有效保障了学生的身心健康。

（二）特色做法

1.心理健康教育与生命教育融合全面深化

学院以“5·25”“10·25”心理健康月为契机，组织开展了“年轮印记，漆扇绘心”“心灵手作，信语情寄”“植彩化境”等系列心理健康教育活动，将化学专业与心理健康教育活动有效融合，提高学生的参与度，参与人数超800人。通过心理健康主题班会、心理知识科普讲座，将生命教育与心理健康教育融入日常生活中，引导学生珍视生命、热爱生活。

2.心理辅导与危机干预体系不断完善

学院落实“校—院—班—舍—家”五级保健网，组建特殊学生群体帮扶小组，建立重点学生工作台账。依托“成长小屋”大学生发展辅导站，构建了完善的心理测量、咨询与危机干预体系，全面了解学生的心理状态。在危机干预方面建立了早发现、早报告、早介入、早监护的危机干预机制，与校学生心理健康教育中心、班级心理委员、家长等紧密合作，建立学生心理健康档案，有效保障学生的心理健康。

3.体育活动与身心健康发展齐头并进

学院出台《化材学院学生体质健康测试奖励办法》《化材学院体育竞赛奖励办法》，进一步调动学生参与体育锻炼的积极性，提升学生体质健康水平。化材学院团委下设体育团，涵盖篮球、足球、排球、田径等7类运动项目，每周定期开展运动技能培训，每学期举办赛事活动。本科生近三年体质健康测试达标率为97.97%。荣获校第53届田径运动会甲组团体第二名，全年参与各类运动人数累计达5000余人次。

（三）经验启示

1.及时发现问题，做到持续跟踪

大学生抑郁、焦虑、躁狂等心理问题的出现，并非一蹴而就，而是多方面因素长期累积、相互作用的结果。学院领导班子应点对点帮扶，辅导员要深入了解每位学生的生活和学习情况，把握学生心理状态，利用好学校学生心理健康教育中心和学院心理辅导站的资源，及时发现问题苗头并进行干预。面对已经出现问题的同学，要持续跟踪其情况，落实定期谈心谈话制度以及信息员跟踪机制，了解其动态。

2.完善支撑系统，构建育人合力

学生的心理健康至关重要，而家庭理解、朋辈支持以及老师支持是保障学生心理健康的关键要素。学院深化家校合作，与家长保持密切联系，共同关注学生的心理健康状况，连续多年开展“家校协同育人”专题座谈会，建立多元支持系统，构建“家庭—学校—社会”三位一体的育人合力。

3.培养乐观心态，提高抗挫能力

体育锻炼可以有效缓解压力，提高挫折承受能力。学校、学院要积极营造良好的体育锻炼氛围，鼓励学生走出宿舍，走进操场，同时应适当减轻学生学业压力。辅导员在日常工作中要注重培养学生的乐观心态，提高学生的抗压挫折承受能力，通过开展主题班会、组织志愿服务和社会实践等活动，提高学生的自信心和自我效能感。

4.关注学工团队，夯实“健康基石”

教师身心强健，学生则会大气充盈。辅导员作为高校思想政治工作的主力军，是大学生身心健康教育的主要实施者和推动者。学校可开展常态化的学工团队心理辅导工作，推行常态化的心理健康协同行动，营造积极向上的校园文化氛围，提升学工团队的生活品质，提供更全面、更专业的心理健康服务。

（报送单位：化学与材料科学学院）

依托特色文体活动，护航学生身心成长

在学生身心健康愈发受到关注的当下，生态与环境学院以“全员、全程、全方位护航”为目标，系统谋划并开展了一系列特色文体活动。学院通过创新形式、凝聚内容、回馈效果等举措，打造特色文体活动，形成三级联动机制，有效提升了学生的身心素养与综合素质，为学生成长护航提供了新思路。

（一）基本情况

2024年3月以来，生态与环境学院积极开展大学生身心护航工作，重点开展了“最青春”寝室文化节、春秋季素质拓展活动两大特色活动，辅以心理健康讲座、各类球类活动等。在实施过程中，注重分层分类推进，形成了“学院统筹、班级组织、宿舍落实”的三级联动机制，确保活动覆盖到每一个学生。其间累计开展学院、班级、宿舍等特色活动30余场，低年级班级、宿舍、学生参与度达100%，各类活动累计参加学生达2000人次，评选先进宿舍92间次，先进个人10人。这些活动不仅学生参与度高，而且取得了显著的育人成效，有效护航了学院学生身心健康发展和综合素质提升。

（二）特色做法

1.活动形式贴近学生

学院结合专业特色和大学生的特点，举办形式多样、贴近学生生活和学生喜闻乐见的活动，这些活动极大程度上提高了广大同学的参与度和积极性，增强了专业学习与日常生活的融合度，提高了育人成效。例如，“最青春”寝室文化节以寝室为单位设计德智体美劳等五项活动，如爱党爱国主题阅读观影活动、趣味运动会、唱红歌比赛、青年大学习

知识竞赛、志愿服务活动等；在系列活动结束后开展先锋宿舍（德）、学霸宿舍（智）、达人宿舍（体）、温馨宿舍（美）、卫生宿舍（劳）、最青春宿舍等六类宿舍评比和表彰活动，增强同学们的参与感和荣誉感。春秋季素拓活动以班级为单位开展学生喜爱的户外活动，如八人九足、套圈游戏、夹乒乓球、水到渠成等，在活动中拉近了同班同学之间的距离，提高了班级凝聚力。

2. 活动内容凝聚学生

活动设计以宿舍、班级、年级等为单位参与，减少个人参赛的活动，同学们可以结合自身的兴趣爱好选择自己喜欢的活动参加。例如，唱红歌比赛，要求班级每位同学都要参与进来；趣味运动会由班级组织初赛，每位同学都要参加，后续推荐两个宿舍参加学院比赛；素拓活动以班级为单位组织开展，各个班级可结合春秋季较为凉爽的天气适时组织学生进行户外活动等。

3. 活动效果回馈学生

活动覆盖了所有低年级的学生，随着活动的开展，一批性格内向、不爱交际、不善言谈的学生参与到活动中，真正让同学们走出宿舍，走出网络，走向户外，走向运动场。通过让同学们参加活动，班级凝聚力得到了提高，宿舍关系更为融洽。同学们在活动中增强了集体归属感，潜移默化地培养了团队协作、沟通等技能。活动有效促进了学生身心健康发展和综合素质提升。

（三）经验启示

1. 抓住时机，大力开展户外素拓活动

抓住低年级学生来校不久，对一切较为陌生和新奇，比较愿意参加集体活动的心理，或者在气候适宜，同学们愿意外出的时节，积极开展相关活动，搭建平台让同学们相互认识，大胆展示自我。

2.凝心聚力，强化集体意识和团队合作意识

活动设计以团队的形式参与，例如，以宿舍为最小的单元设计开展系列活动，让所有的同学都能够参与到活动中，杜绝出现覆盖面窄的情况。通过团队活动强化同学们的团结合作意识，提高彼此之间的熟悉程度，进一步增强班级凝聚力。

3.形式多样，寓教于乐、融学于趣、化教于心

活动设计涵盖德智体美劳五个方面，分别对应德育、智育、体育、美育、劳动教育，并结合专业特色和学院实际，符合当代大学生的成长特点，让学生在活动中锻炼，在锻炼中成长，在成长中增强身心的健康。

（报送单位：生态与环境学院）

依托“心语树洞”，护航学生幸福成长①

近年来，大学生中出现心理问题的比例呈激增趋势，心理危机事件频发，大学生心理健康问题日益成为党和政府、群众所关注的一个重大社会问题。教育部等十七部门印发的《全面加强和改进新时代学生心理健康工作专项行动计划（2023—2025年）》中提出，把心理健康作为学生全面发展的前提和基础，把心理健康工作质量作为衡量教育发展水平、办学治校能力和人才培养质量的重要指标。然而，心理问题具有隐蔽性，很多学生不愿意实名透露个人心理困惑。我校立足于学生发展的心理需求和时代特点，开辟“心语树洞”网络心理育人专栏，通过匿名的方式促进学生真实表达，并邀请心理咨询师对问题进行解答并发布，力求通过科普宣传的方式消除学生心理困惑，护航学生幸福成长。

① 本案例获评安徽省高校第三届心理健康教育发展论坛优秀案例。

（一）工作开展情况

1.凝聚专业力量，倾听学子心声，关爱学生成长

近年来，我校不断强化心理健康教育“四个课堂”联动育人机制，创新心理育人方式方法，着力提升心理健康教育工作的时代感和吸引力。自2019年开始，学校在“易班”平台、学生心理健康教育中心网站、学生工作处公众号等平台开通了“心语树洞”网络心理育人专栏，通过匿名方式广泛征集学生在学习、人际交往、恋爱情感等方面遇到的心理困惑。同时，凝聚专业力量，邀请心理咨询师成为“树洞”的主人，以推文的形式对典型心理困惑进行回应，咨询师们借此用生动有趣的语言向学生科普心理知识，提升学生心理调节技能，引导学生成为自己心理健康的第一责任人。

2.依托网络平台，聚焦学生所需，提升服务水平

随着科技不断发展，电子产品日益成为学生不可或缺的学习、交友、娱乐工具，网络空间也逐渐成为学生宣泄情绪和提出诉求的主渠道，通过“心语树洞”不仅可以倾听学生的心理困惑，还能够了解学生的心理需求。例如，在新冠肺炎疫情期间，校园进入静态管理，有一名学生在“心语树洞”留下烦恼，她提到抗抑郁药物快没了，担心因静态管理无法外出购药。在后台看到这条消息后，学校立即启动应急预案，协同各学院排查心理危机学生服药情况，了解购药需求，同时迅速联动专科医院开通绿色通道，为心理疾病学生集中购药，有效满足了学生的现实需求，切实维护了校园安全稳定。

3.发挥朋辈力量，探索互助模式，助力全面发展

为了更好地探索朋辈互助模式，在邀请专业咨询师解答心理困惑的同时，学校每学期定期开放朋辈互助栏目，由学生当“树洞”的主人，搭建学生沟通交流的平台，促进同学之间相互帮助，发展自助互助的能力。每一期“树洞”推文发布后，阅读量都非常高，很多学生留言互动，对“树洞”中的问题做出回应。“心语树洞”不仅可以为提问者答

疑解惑，对其他具有类似心理困惑的同学来说更是一次朋辈心理教育，当同学发现其他人有着与自己类似的困扰时，羞耻感和不安感也会降低。

（二）工作成效

1.满足服务学生需求，科普心理知识，实现“育人”目标

学校积极进行“心系列”品牌之“青春心语”的实践探索，立足学生需求普及心理知识；优化了“紫薇园”心理育人场地设施，组建了一支专兼结合的心理咨询师队伍；打造了“心语树洞”线上答疑、“一日心语”每日答题、“妙语心声”知识科普、“朋辈心电”故事分享等系列品牌活动，累计阅读量超过50万次。学校先后荣获全国“大学生心理健康教育工作优秀机构”、安徽省“首批高校心理健康教育示范中心”、首届“双十佳”先进集体等称号，获批教育部心理育人精品项目，咨政报告得到时任省委主要领导批示肯定。

2.提升大学生自助助人能力，获得“反哺”效应

“心语树洞”有效提升大学生自助助人能力，充分发挥朋辈力量在心理育人中的基石作用。近年来我校培养了一批以优秀毕业生李绮华同学为代表的心理委员，先后有6名同学荣获“全国高校百佳心理委员”荣誉称号。学校获评全国高校心理委员研究协作组理事单位。学校不断提升心理委员专业胜任力，已举办七期心理委员培训，千余名心理委员参与，连续四年举办“优秀心理委员”评选活动。

3.积淀一批心理育人成果，发挥“示范”功能

五年来“心语树洞”专栏持续不断线，已经开展了150余期，为1000余名同学线上答疑解惑，将心理咨询师和学生在“树洞”中的互动过程整理汇编，累计形成了30万余字的文本资料，分年度编印成3本《解“忧”心语》系列丛书，并将这些书籍分发给辅导员和党委副书记，引导一线学生工作人员更好地了解学生，为他们提供谈心谈话示范模式，提高学工队伍胜任力，持续给他们赋能。省内外兄弟高校及上级部

门对我校心理育人成果给予高度认可，认为我校心理健康教育工作在全省发挥了引领示范作用。

（三）经验总结

1. 努力搭建平台，创新育人手段

高校心理健康教育工作者应顺应时代发展特点和当前大学生心理热点，创新心理知识输入和输出模式，让知识科普从“内容供给”向“话题供给”转变。充分发挥网络心理课堂育人功能，利用新媒体扩容提质增效，通过“易班”平台开设“心视界”专栏，定期推出“妙语心生”“心语树洞”“朋辈心电”等专题，深入了解学生思想状态、心理动态，畅通信息沟通渠道，通过切实解决学生关切的问题，提高学生心理调适能力，营造更加开放、宽容、和谐的校园氛围。

2. 发现共性问题，整合育人资源

大学生成长中的心理困惑有共性之处，心理健康教育工作者要将个性问题与共性问题相结合，整合育人资源。目前学校里的心理咨询方式主要是由学生自主预约寻求帮助，但一些学生“讳疾忌医”，造成心理育人资源闲置。此外，心理咨询是一对一的服务，效率低。“心语树洞”栏目为学生提供匿名倾诉烦恼的空间，让学生有渠道去宣泄情绪、提出困惑，同时邀请心理咨询师对共性的、典型的问题进行解答梳理，定期发布暖心贴士，形成常见心理困惑问答手册，让有类似困惑的其他同学都能有所受益，充分整合了高校心理育人资源。

3. 甄别危机学生，筑牢安全底线

“心语树洞”通过匿名的方式让不愿意实名透露心理问题的大学生参与进来，成为学生比较信任的吐露心声的平台，也成为学校甄别潜在心理危机学生的有效途径。曾经有个学生在“树洞”中表示自己前往某一线城市参加研究生复试，结果不理想，字里行间流露出消极念头，后台看到这个消息后，立即反馈给学校，学校即刻研判该学生危机程度，根据其出行记录，很快锁定目标群体，校院进一步排查，最后给予该学生及时有效的心理干预。现在学生更倾向于在网络上发表心情，要充分发挥网络平台在心理危机学生甄别方面的作用。

（报送单位：学生处）

护航机制——体系联动强支撑，协同育人促成长

“护航机制”是我校大学生护航计划的核心保障体系，旨在构建全方位、多层次、立体化的育人网络，为学生健康成长与全面发展提供坚实的制度支撑。学校依托校院两级学工委，持续精进护航运行体系，聚焦“思想护航”“学习护航”“生活护航”“情感护航”和“身心护航”五大核心领域。通过压实责任、提升效能，“护航机制”精准对接学生需求，有效纾解其在思想、学业、生活等方面的各类难题。

作为优化“三全育人”格局、践行“五育并举”理念的关键路径，“护航机制”是新时代高校落实立德树人根本任务的创新探索。在“护航机制”的引领下，学生从“被动接受”转向“主动参与”，从“单点突破”迈向“多维赋能”，实现了思想提升、学业进步、心理健康的协同发展。

《构筑新生“成长矩阵”，精准赋能全面发展》案例以“成长矩阵”为核心，精准赋能2024级新生全面发展。学院通过礼仪教育筑基、兴趣小组赋能、生涯规划导航等形式，创新护航模式，助力新生适应大学生活、实现个性化成长。实践表明，精准切入、生态构建、按需施策是护航计划成功的关键，有效提升了新生的综合素质与适应能力，为培养德智体美劳全面发展的新时代大学生奠定了坚实基础。

《五育并举贯通四个课堂，推进学生评价改革与成长护航》案例围绕“立德树人”，针对五育失衡等问题实施护航计划，推进学生评价改革。通过修订完善制度，从内容、标准、方式、主体四方面改革评价体系，构建四个课堂联动机制。这些举措使得学生综合素质获得提升，竞赛获奖丰硕，涌现出一批优秀典型，学校育人成效显著，为高质量育人发展提供了经验。

《强化“四个坚持”，打造高质量“一站式”学生社区》案例以“四

个坚持”为抓手，坚持党建引领，开展特色活动，推动思政品牌进社区；坚持全员育人，实施护航计划，开展140余项社区活动；坚持功能优化，构建智慧空间，打造数据互通平台；坚持学生中心，推行网格化管理，筑牢安全防线。将“一站式”学生社区建设融入育人格局，为学生成长成才提供坚实保障。

构筑新生“成长矩阵”，精准赋能全面发展

教育科学学院积极探索大学生护航新模式，积极构建新生核心素养培育体系，以生涯护航为基点，从身心护航出发，立足学业护航，开展礼仪素养教育、兴趣小组培育、生涯引导等活动，全面护航新生成长发展。

（一）基本情况

学院2024级新生报到共409人，其中定向生114人、非定向生295人。学院立足大学生就业现状与不同年级学生特点，聚焦学生大学生涯规划与就业指导，做好定向生与非定向生分类指导工作，开展各项身心护航与生涯护航活动，帮助大一新生尽快适应角色转变。

（二）特色做法

1.赋能社交：从“礼”开始，筑牢成长根基

学院注重顶层设计，在新生入学前制定了学院新生礼仪素养教育行动方案，详细列举了新生礼仪素养教育的核心构成指标。辅导员通过主题班会、日常礼仪提醒、礼仪榜样示范、校规校纪教育、六个文明创建等多种方式推进。军训期间，采取引导新生观察并记录校园文明与不文明现象、主动问好训练、短信邮件编辑训练、有问题先思考、学会赞美他人、塑造正能量朋友圈等多项措施，实施新生仪容、仪态、见面、会议、办公室、通信等礼仪教育。

2.赋能个性：因“趣”而聚，激活发展引擎

结合人才培养方案和学生特长，组建多种兴趣小组，选拔有特长者负责日常组织管理和培训活动。学院团委、学生会、新生辅导员通过对新生入学材料的整理，组建了三类（艺术类、体育类、文化类）共十八个兴趣小组，涉及舞蹈、美术、乐器、篮球、足球、跑步、书法、写作等。依托教育学专业论坛，创建“赭山共读”活动。参照师范生核心素养体系，举办“三字一话”竞赛活动。发挥辅导员专长，开设中国传统武术公益训练班。

3.赋能未来：以“涯”导航，绘制青春蓝图

立足于生涯引导，开展新生生涯嘉年华、系列生涯团体辅导等特色活动，围绕生涯启蒙、生涯唤醒、兴趣探索等主题引领新生自我认知和职业认知，实现新生适应性团体辅导全覆盖。布置生涯回顾与生涯展望作业，引导新生总结自己成长的心路历程以及对未来的期望。组建新生职业生涯规划启蒙训练营，通过观摩职业生涯规划校院两级比赛、参加职业生涯规划专家讲座等形式，培养学院职业生涯规划比赛选手。创建“一周疑惑解答”活动，精准定位新生疑惑，提高新生护航的针对性和实效性。

（三）经验启示

1.精准切入：专项突破夯实矩阵发展根基

截至2024年底，学院针对2024级新生共开展礼仪讲座、培训、演练30余次。新生基本树立了规矩意识，新生对短信、邮件礼仪规范用词已经基本掌握，在认知和行动上具备了礼仪修养的基本要求。新生全员通过《社交礼仪》《大学生礼仪教程》测试。学院荣获校规校纪教育先进集体称号。

2.生态构建：多元空间激活矩阵内生动力

目前2024级18个兴趣小组已经开展活动上百次，其中“赭山共读”活动已进行12期；“中国传统武术公益训练班”组织训练达15次，选拔

推荐8名同学参加安徽师范大学第二届学生武术锦标赛；“跑步兴趣”小组训练达45次，2位新生成功完成了滁州马拉松半马项目的比赛，大部分男生可以坚持跑5公里，大多数女生可以跑3公里。在学校第53届田径运动会上，我院学生获女子5000米第八名，男子铁饼第五名。

3.精准响应：以学生为中心保障矩阵实效

学生希望了解什么，学生存在什么问题，学生迷茫什么，等等，这些问题是学院实施新生入学教育的关键切入点。要善于倾听学生的想法，以问题为导向构建思想引导、学业护航等项目，而不是基于学院所构想的“现实”，更不能“一厢情愿”。护航不等于简单包办，护航是为了让学生飞得更高更远。学院努力丰富举措护航新生适应大学生活，更好更全面地助力学生发展提升。

（报送单位：教育科学学院）

五育并举贯通四个课堂，推进学生评价改革与成长护航[①]

（一）案例背景

建立一整套科学的“德智体美劳”五育并举学生全面发展导向型评价体系，是确保高校人才培养质量的前提。“长于智、疏于德、弱于体美、缺于劳”是对当前学校教育中“德智体美劳”五育失衡状况的总结和概括。究其原因，主要是现行评价体系重智育，忽视个体的创造能力；过度依赖定量评价，忽视定性评价；注重结果，忽视过程评价，激励不足。安徽师范大学聚焦“立德树人根本任务”，遵循教育发展规律和学生成长规律，实施护航计划，开展优化育人机制和学生工作模式的创新实践，成立师生代表参与的校院两级学生工作委员会，一体推进思想护航、学习护航、生活护航、情感护航、身心护航。根据《安徽省深

① 本案例入选“长三角教育现代化”典型案例。

化新时代教育评价改革实施方案》，修订了学生素质综合测评制度和“第二课堂成绩单”制度，初步探索出“德智体美劳”五育并举学生全面发展导向型评价体系，着力解决学生素质综合评价中存在的上述问题，为提高人才培养质量提供有力支撑，护航学生健康成长和全面成才。

（二）主要做法

1.评价内容的转变

从“单项测评”到“五育并举”。聚焦五育并举，注重全面发展。一方面，通过出台《安徽师范大学本科生素质综合测评办法（修订）》，按学年从德育、智育、体育、美育、劳动教育等方面对学生进行综合评价，采取定量测评与定性评价相结合、分类评价和全面评价相结合、分类测评与综合评议相结合、激励性与导向性相结合的方法，重新优化比例分布，发挥成才导向和评价激励作用。另一方面，通过出台《安徽师范大学本科生“第二课堂成绩单”制度实施方案（试行）》，重新设计校园文化“第二课堂”、社会实践“第三课堂”、网络育人“第四课堂”课程模块，构建促进“德智体美劳”全面发展的“第二三四课堂”课程体系。构建“52633”的工作体制机制，即思想政治（德）、专业拓展（智）、体育健身（体）、文化艺术（美）、劳动实践（劳）5个模块，基础学分与发展学分2部分学分，修满6分作为毕业条件，每学年的发展学分由学生在学年内获得的3项最突出成果进行累计，以“校级通识课程”“院级公共课程”“专业核心课程”3个层次进行课程规划，建立涵盖“德智体美劳”的四个课堂联动的人才培养机制。

2.评价标准的转变

从“知识本位”到“核心素养”。聚焦人才培养，注重育人实效。杜绝以考试成绩为学生排名，注重考查学生的认知能力、非认知能力及跨学科的素养和能力培养。以学生参加所修专业人才培养方案规定的各门课程所取得的考核成绩作为依据，对学生学业成绩进行评价；在课堂教学“第一课堂”学习基础上，对“德智体美劳”各方面在“第二三四课堂”的实践巩固、转化提升等发展情况形成“第二课堂”成绩单，突出学科竞赛课程的重要作用，构建四个课堂深度融合的“德智体美劳”五育并举全面发展育人新模式。德育主要通过日常政治理论学习引导学生铸牢理想信念，锤炼高尚品格；智育主要通过专业讲座、学科竞赛、职业规划教育引导学生提升专业素养、实践能力；体育主要通过体能测试、体育竞赛等引导学生养成良好锻炼习惯和健康生活方式；美育主要通过阅读、文艺表演与创作等促进学生形成艺术爱好，提高艺术素养；劳动教育主要通过志愿服务、社会实践、寝室教室文明创建、创业实践等引导学生崇尚劳动，尊重劳动，学会劳动。

3.评价方式的转变

从“结果评价”到“兼顾过程”。聚焦结果评价，注重结果运用。把立德树人融入思想道德、文化知识、社会实践教育各环节，建立学生护航档案，构建与学生评价体系相适应的德育评价内容和记录方法，实现德育记录的科学化，全面记录学生在校期间的德育过程。实施辅导员“五进”（进宿舍、进教室、进现场、进网络、进家庭），将学生参与校园“六个文明”（文明教室、文明宿舍、文明就餐、文明交通、文明交往、文明网络）创建和“一站式”学生社区活动的日常表现情况融入综合评价。“第二课堂”成绩单评价结果直接用于学生综合测评，对学习成效的认定，既区分成果大小，也让学生“踮脚够到”；正向引导，杜绝“混学分”“水学分”等不良现象，以“基础学分+发展学分”的形式呈现，充分回归德育养成性和发展性的基本属性，体现智育的预见性和增长性特点，关注体育的生长性与进步性特点，尊重美育的启发性和进阶性特点，凸显劳动教育的积累性和习惯性特点，支撑“知识探究、能力提升、人格养成”三位一体毕业要求。

4.评价主体的转变

从“教师主评”到“多元联评”。聚焦多元评价，注重导向激励。建立本人、教师、同学、社会等多元评价主体参与考评机制。既有学生自评互评，又有辅导员、任课教师、学生自我管理组织的评价，还有艺术素养、社会实践、劳动教育等评价，全面、全程、客观记录学生成长的足迹，建立生动记录学生参与四个课堂的可记录、可评价、可测量、可呈现的工作体系和工作制度。收集分析学生在校期间的思想状况、学习状态、“第一课堂”学业成绩、参与“第二三四课堂”活动情况、作息规律等行为轨迹，归纳为政治素养、学习能力、身心素质、生活习惯、文明素养、实践能力等六个方面的核心素养，构建学生发展预警指标体系，形成学生发展画像，找出学生成长过程中的特长和不足，为辅导员对学生开展职业生涯规划提供决策支持和可视化帮助，提升思想教育工作实效。

（三）取得成效

学校深入实施护航计划，深化学生评价改革以来，帮助学生树立科学成才观念，引导学生坚定理想信念、厚植爱国主义情怀、加强品德修养、增长知识见识、培养奋斗精神，使学生综合素质普遍提升。2021年以来，我校学生在省级及以上学科和技能竞赛中获奖3500余项，涌现出首位闯进奥运会女子800米决赛的中国选手王春雨，第十四届全运会冠军赖晓晓，全国“巾帼建功”标兵佘小雪，“中国大学生自强之星”标兵蔡张飞、阿卜来提·阿卜力克木等一批学生典型。学校育人实效不断提升，学业通过率、升学率、就业率、第二课堂活动参与率、学生管理服务满意度等稳步提升。学校获评全省“一站式”学生社区A级高校，有3项成果入选全国高校“一站式”学生社区风采展示优秀成果。

（四）经验启示

强化立德树人导向。坚持以学生为中心，遵循育人规律，通过开展学生评价改革，坚持问题导向、目标导向、结果导向，构建评价指标和评价标准客观合理，评价内容全面丰富，评价过程动态化，评价方式系统化，评价主体多元化的学生素质综合评价体系。

坚持分类多维评价。建立“一生一档一策一队”强化过程记录，普遍建立宿舍学习互助小组，统筹运用过程评价、增值评价、结果评价，以数据赋能，用评价育人，推动教育评价从“指挥棒”升级为“推进器”，从“检测站”转型为“加油站”，注重评价的全面性和客观性。

有效发挥评价功能。评价结果与学生各类奖助学金评定、评优评先、推优入党、推荐免试攻读硕士学位、推荐就业、毕业鉴定等事项紧密衔接，注重发挥评价的导向、诊断、考核、改进等作用，激发创新创造活力，落实各类困难学生研判帮扶。

下一步，学校将进一步健全护航工作体系，持续汇聚育人合力，深化课程、实践、科研、文化、管理等育人体系建设，将“五育”融入教育教学和管理服务全过程。在结果评价上，向提升测评效率和扩大范围的方向努力；在过程评价上，向加强成长记录与监控的方向努力；在增值评价上，向增强数据分析与支持决策的方向努力；在综合评价上，向支持与指引学生发展的方向努力。探索开展学生全过程纵向评价、德智体美劳全要素横向评价，不断完善学生素质综合评价体系，切实以推进教育评价改革推动育人工作高质量内涵发展。

（报送单位：学生处　校团委）

强化“四个坚持”，打造高质量“一站式”学生社区①

安徽师范大学坚持把“一站式”学生社区综合管理模式建设融入立德树人和“三全育人”大格局，作为改进和加强新时代学生思想政治教育的重要载体，强化“四个坚持”，突出高质量发展，打造具有安徽师范大学特色的学生服务驿站和精神家园。

① 本案例获评全国高校“一站式”学生社区风采展示活动优秀成果。

（一）坚持党建引领，筑梦红色社区

召开专题党委常委会，传达学习教育部工作推进会和安徽省委教育工委要求，研究部署贯彻落实工作。健全落实党政领导下沉一线制度，校党委主要负责人下沉式调研“一站式”学生社区建设，分管校领导将其作为主题教育调研课题，广泛调研省内外高校20余所，形成专题调研报告和建设方案。举办“爱师大·共奋进毕业生座谈会”“校领导午餐会”“对话·成长座谈会”等特色活动，优化“学子心声”网络平台，搭建服务学生的“连心桥”。成立党的二十大代表工作室，推动党团组织活动融入社区，各学院成立党员先锋队，设置“党员示范岗”，挂牌设立“党员宿舍”；学生党员立足社区，围绕学生发展、思想关切等开展有意义和有意思的党团活动。组织“丙辉漫谈”“青春思政课”“花津大讲堂”等思想政治教育品牌活动进社区，其中“丙辉漫谈”单次社区活动参与学生超过万人。

（二）坚持全员育人，打造活力社区

实施护航计划，健全思政工作新机制。推进学生社区建设“一院一品”项目，立项推进19项，投入资金40.5万元。探索社区导师进社区工作体系，发挥党的二十大代表、全国优秀共产党员路丙辉教授等的示范引领作用，各学院聘请专业教师担任社区导师，通过“教授面对面”等活动，为学生提供思想引领、学业发展、项目实践等指导。建立学工人员下沉社区值班制度，健全辅导员进宿舍、进教室、进现场、进网络、进家庭“五进”工作机制，坚持晚点名、请销假等学生安全管理制度，常态化了解学生思想动态、生活状态及发展需求。成立“一站式”学生社区学生互助委员会，组建“一站式”学生社区学生助理工作队，负责预约开放、过程管理、安全保洁等事宜，营造学生多元发展、个性成长的社区育人生态。开展“苔花励志”“六个文明”等学生社区活动140余项。升级“紫薇园”学生心理健康教育中心，将“心语”心理健康教育活动融入社区，参与学生达30万人次。

（三）坚持功能优化，建设智慧社区

建设校区驿站、学生公寓片区分站、学院楼分站等“一总多分”的功能化社区空间，拓展或新建党建活动室、发展辅导室、阅读空间等20余个，使用面积达6000平方米，各类功能空间最大限度融通使用，满足学生多样化生活体验和成长需求。强化线上线下功能融合，以促进学生“德智体美劳”全面发展为目标，坚持自主研发与创新，建设“一站式”学生社区大数据平台，开发包含线上丙辉漫谈、智慧资助、心理辅导、学生管理、学业管理、安全管理等8个功能模块的学生教育管理服务全流程、一体化智慧思政平台，实现8个部门12个系统数据互联互通、一网通办，深度挖掘和记录学生社区行为表现，将其纳入综合测评，实现一键画像、过程记录、趋势预警、智能推荐、智慧资助，为精准开展学生思想政治教育提供靶向支持。开发“一站式”学生社区预约管理系统，推动校院各类空间向学生全面有序开放使用，实现网上预约、咨询赋能、云端活动等。《人民日报》《光明日报》《中国教育报》等主流媒体专题报道我校平台建设成效10余篇次。

（四）坚持学生中心，筑牢平安社区

探索学生社区苑舍制网格化管理，实行“苑舍—楼栋—楼层—宿舍”四级网格化管理模式，形成以辅导员、宿管员、楼层长、寝室长为主体的网格管理队伍，将社区宿舍作为“最小作战单元”，覆盖宿舍楼84栋，宿舍8683间，常态化开展社区防火、防盗、防诈骗等安全检查，评选优秀宿舍1125间次、教室181间次；征集安全教育微视频113个、反诈宣传作品122件，筑牢社区安全防线。营造社区良好文化氛围，编发《花津驿站·燕语长廊》《紫薇园，你的“心朋友”》等社区活动推文30余篇次，制作《社区大舞台，陪伴新成长》主题宣传片，动员学生开展社区公约、宿舍文化节等活动，提升学生社区幸福感和感染力。

开展“苔花励志”“六个文明”等学生社区活动140余项，升级学生社区“石榴籽工作室”，实施民族团结专题教育计划。

安徽师范大学“一站式”学生社区成功入选安徽省“大思政课”实践教学基地，在安徽省“一站式”学生社区建设推进会上作经验交流。下一步，学校将继续抓实抓细“一站式”学生社区建设，融合打造党建前沿阵地、“三全育人”实践园地、智慧服务创新基地、平安校园样板高地，用情用力护航学生成长成才！

（报送单位：学生处）

安徽师范大学大学生护航行动计划

为落实立德树人根本任务，推进“时代新人铸魂工程”，深化“三全育人”，强化“五育并举”，着力解决学生学业发展、身心健康等面临的实际问题，努力实现“一个都不能少，一个都不要掉队”目标，打造安徽师范大学学生工作新模式，着力培养担当民族复兴大任的时代新人特制定本行动计划。

一、成立校院学生工作委员会

校级由校领导、部门与学院负责人、教师代表（专家、公共课教师、辅导员）、学生代表（30%左右）组成，院级由学院领导班子成员、专业和学位点负责人、任课教师、辅导员、学生代表（50%左右）组成。健全学生工作委员会运行制度，一般每月召开1次会议，经常研判问题、协调事项、交流经验；部门、院系能办的主动办好，确实办不了提交学校研究。

二、分类建立学生档案

坚持抓两头、带中间，自入学季起，辅导员就要及时通过查阅档案、观察了解、交流谈心等方式，摸清找准学生实际情况与有关需求，任课教师也要提前了解学情、分类施教，动态建立健全各方面优秀骨干学生、特殊困难学生台账，辅导员、教师、家长、骨干学生等协同实施面向特殊困难学生的“一人一策”关爱措施，跟踪帮扶，办理销号。

三、加强思想政治引领

着力坚定学生理想信念，提升学生思想政治素质。推动习近平新时代中国特色社会主义思想“进教材、进课堂、进头脑”，依托全国重点马克思主义学院，构建“大思政课”格局，健全“1+5+N””课程育人体系，推动思政课程和课程思政协同育人，发挥“行走的思政课”“青春思政课”“智慧思政”“丙辉漫谈”等思政教育品牌作用，构建学生群体分类教育体系，引导广大学生坚持以实现中华民族伟大复兴为己任，自觉做到爱党、爱国、爱校，自立自强、成长成才。牢牢掌握意识形态工作领导权，强化学生法治教育和媒介素养教育，严格网络媒体平台等意识形态阵地管理，及时排查化解政治安全风险。

四、强化校园文化育人

着力提升学生文明素养，引导学生向善向上。加强校园自然环境和人文环境建设，一体推进校史文化、楼宇文化、教室文化、宿舍文化等校园文化阵地建设，提升学生人文素养和道德情操。加强学生社会主义核心价值观教育，开展“六个文明”等主题活动，强化开学和毕业典礼等仪式感教育，建好“一站式”学生社区，组织“向阳花”志愿服务，开展“十佳事迹”“十佳大学生”“十佳班集体”等先进典型选树活动，引导学生牢记“师大人就要有师大人的样子”。

五、精准开展学业毕业就业预警帮扶

着力提升学生学习适应能力。坚持把教书育人作为每位教师的第一职责，结合评教情况开展教师培训，采取期中期末帮扶、一年多考等方式，优化思政、公外、公体等课程教学与考核，健全出勤管理、平时作业、考试考核、毕业审查等学业毕业预警，分年级制定教育帮扶重点目录。广泛建立宿舍学习小组，坚持低年级晚自习制度，分类帮扶学习习惯、方法、能力问题特别是不及格学生，做好笔试面试、科研助理等考研就业服务与帮扶，有效提升学生及格率、毕业率、就业率。

六、深化发展性家校协同育人、资助育人

着力解决家庭因素带来的经济困难、疏于管教、游戏成瘾等问题。建立大学生护航基金，拓宽社会助学资金募集渠道，拓展“爱心超市”“一缕阳光”“四暖相伴”等资助育人载体。建立家校协同育人渠道和机制，成立家长、辅导员、学生骨干组成的游戏成瘾等不良习惯矫正帮扶小组。组织开展“苔花”发展培训、“自强之星”朋辈教育。

七、全面提升学生综合素养与交往能力

着力纠正学生中存在的世界观、价值观、人生观偏差等问题。引导学生学会在古今中外优秀文化中汲取能量，开展勤奋习惯、独立思考、自律意识、自信心、消费观、劳动观等人格教育与实践，开展学生参与面大的文体集体活动，举办“花津大讲堂”等人文修养、科学素养讲座报告、“青春”歌咏比赛等文艺活动，开展全员参加的“阳光体育”活动引导学生每天锻炼1小时。

八、强化生命教育与心理关爱

着力关心关注家族遗传、家庭变故、孤僻内向、情感受挫等带来的心理问题。全覆盖开展学生生命教育，着力提高学生珍爱生命意识，优化学生乐观向上的心理品质，教育学生遇到困难学会求助。提高校院班三级“心语”心理健康教育活动的对象性和参与面。坚持辅导员观察为先，院系带着筛查数据与学校测量比对建档。借助社会专业力量开展咨询干预工作。

九、闭环管理涉生安全事项

每学期至少召开一次安全教育主题班会、专题培训会，强化“校院班舍”四级网格管理，做实“晚点名”、请销假等日常管理，经常排查治理宿舍、食堂、教室、实验室等重点场所安全隐患，坚持举一反三，健全校门、公寓、教室门禁系统与校园监控系统，不断增强人防、技防、物防力量与合力。

十、健全保障机制

压实各级党组织主体责任，制定护航计划校院两级任务清单，校院领导深入一线服务学生，建立学院领导联系年级、班级制度，畅通二级单位间涉生信息共享反馈机制，推进教师、研究生担任辅导员、社区导师。加强护航好典型、好做法总结宣传，健全督办落实机制、考核奖惩机制等，严肃处理失职失责导致重大事故的有关责任人员，加强护航计划的经费、设施、场地等资源保障。

附件：安徽师范大学大学生护航行动计划重点任务清单

序号	工作或问题事项	主要具体做法	责任主体	实施时间	备注
1	成立校院学生工作委员会	校级含知名专家、公共课教师、辅导员、学生占比30%左右；院级含专业教师，学生占比50%左右，覆盖各专业年级；一般每月召开1次会议	学生处，各学院	2023年9月	
2	加强学生思想引领	构建“大思政课”格局，健全“1+5+N”课程育人体系，发挥“行走的思政课”“青春思政课”“智慧思政”“丙辉漫谈”等思政教育品牌作用，构建学生群体分类教育体系，强化学生法治教育和媒介素养教育	宣传部、马克思主义学院、学生处、研究生院、校团委，各学院	长期坚持	
3	强化校园文化育人	一体推进校史文化、楼宇文化、教室文化、宿舍文化等校园文化阵地建设，开展“六个文明”等主题活动，强化开学和毕业典礼等仪式感教育，建好“一站式”学生社区，组织“向阳花”志愿服务，开展“十佳事迹”“十佳大学生”“十佳班集体”等先进典型选树活动	宣传部、学生处、研究生院、校团委，各学院	长期坚持	

续 表

序号	工作或问题事项	主要具体做法	责任主体	实施时间	备注
4	分类建立特殊困难学生档案	入学即开始，立足一门课作业不交、一次不及格、多次旷课等观测点，动态补充更新，一人一策关爱	辅导员，教师协助	长期坚持	
5	优化学业毕业困难学生预警帮扶	任课教师、导师加强授课过程与不及格学生个体学业辅导，辅导员跟踪自习、选课等，教务、学院采取一年多考、AB卷等方式帮扶	教务处、研究生院，各学院	长期坚持	
6	建立宿舍学习小组	从新生分配宿舍就注意外语等成绩，入学后组建宿舍内和宿舍间的学生班团小组，融合学习、生活等互助	辅导员，教师协助	长期坚持	
7	考研就业困难学生指导帮扶	大三下、大四上，开展考研经验交流、就业模拟面试等实操，安排教师为就业困难生帮扶专人，就业指导推荐、设立科研助理等兜底关爱	招就处，各学院	长期坚持	
8	家庭经济困难学生帮扶	建立贫困生救助基金（校级不少于5项，每个学院不少于1项），拓宽社会助学资金募集渠道，拓展“爱心超市”“一缕阳光”“四暖相伴”等资助载体	学生处、研究生院，各学院	长期坚持	
9	游戏成瘾等不良习惯学生帮扶	制订家校协同育人办法，成立游戏成瘾等不良习惯学生矫正帮扶小组，低年级广泛组织晚自习等，帮助学生改正坏习惯、养成好习惯	各学院，辅导员	长期坚持	

续 表

序号	工作或问题事项	主要具体做法	责任主体	实施时间	备注
10	情感脆弱、交往能力差等现象	多开展举办人文修养、科学素养讲座报告等学生参与面大的集体活动，加强勤奋习惯、自信心、自主思考、自律意识、爱情观、消费观等人格教育	宣传部、校团委，各学院	长期坚持	
11	学生运动习惯差、体质不佳等问题	探索俱乐部式公共体育教学，教会学生一项运动技能，开展全员参加的“阳光体育”活动引导学生每天锻炼1小时	校体委、校团委	长期坚持	
12	学生有心理阴影、心态消极等问题	邀请专家全覆盖开展学生生命教育，开展朋辈心理拓展、文化艺术等活动，优化学生乐观向上的心理品质，教育学生遇到困难学会求助	学生处、研究生院，各学院	长期坚持	
13	学生心理问题监测发现	辅导员加强日常谈心谈话、信息员反馈等观察为先，院系开展研判，带着筛查数据与学校测量比对建档。借助社会专业力量开展咨询干预工作	学生处、研究生院，各学院，辅导员	长期坚持	
14	落实网格化学生教育管理	每学期召开安全教育主题班会、专家培训会，强化“校院班舍”四级网格管理，做实“晚点名”、请销假等日常管理	学生处、研究生院、各学院，辅导员	长期坚持	

续 表

序号	工作或问题事项	主要具体做法	责任主体	实施时间	备注
15	提升护航动计划硬件保障	健全校门、公寓、教室门禁系统与校园监控系统。经常排查治理宿舍、食堂、教室、实验室等重点场所安全隐患	保卫处、总务处、财务处	2023年12月	
16	拓展学生工作队伍建设机制	教师、研究生担任辅导员、社区导师,面向教师、干部等选聘“双肩挑”辅导员,面向优秀本科生推免选拔思政(辅导员)专项人才	人事处、学生处、教务处、研究生院	2023年10月	
17	开展护航计划论坛培训	筹划校院两级培训,开展护航计划解读培训,校领导、部门负责人与学院负责人、教师、辅导员沟通研讨,组织新老辅导员交流论坛	办公室、学生处、研究生院	2023年9月下旬	

安徽师范大学大学生护航行动计划实施纲要

（2023—2026）

为落实全国教育大会精神，落实落细《安徽师范大学大学生护航行动计划》（师发〔2023〕46号），推动新时代高校学生工作创新发展，特制定本实施纲要。

一、指导思想

以习近平新时代中国特色社会主义思想为指导，以立德树人为根本，深化“三全育人”格局，贯彻“五育并举”理念，遵循育人规律，聚合育人要素，完善育人体系，压实育人责任，推动大学生护航行动计划（以下简称“护航计划”）纵深发展，创新推动“时代新人铸魂工程”师大实践，构建学生成长友好型校园，创造新时代高校学生工作师大模式。

二、基本思路

（一）牢记一个使命

即坚持以育人为业，推动护航计划成为落实立德树人根本任务的创新实践，探索“时代新人铸魂工程”的有效路径，创造新时代高校学生工作师大模式。

（二）明确一个目标

即统筹学生发展与安全，实现“一个都不能少，一个都不要掉队”，促进学生成人成才成功。

（三）成立一个机构

即成立校院两级学生工作委员会，校领导、部门和学院主要负责人及师生代表共商共促护航工作。

（四）统筹五项任务

即一体推进护思想、护学习、护生活、护情感、护身心，着力解决学生学业发展、身心健康等面临的实际问题和需求，服务学生健康成长和全面成才。

（五）紧扣一组指标

即学生责任事故率、学业通过率、毕业率、升学率、就业率、文化生活参与率、管理服务满意率，提升学生的获得感和幸福感。

（六）推进一个实验

即用教育实验和行动研究的方式推进护航计划，探索护航规律，固化护航成果，推动育人工作实现从经验向科学转变。

三、阶段目标

（一）完善体制机制

压实校院两级学工委主体责任，完善会议形式和机制；建立护航计划周安排、月会议、季调度、年总结运行机制，建立护航计划工作台账和工作专报；制定护航计划工作指南，制定学工队伍、教师、学生骨干等护航工作手册，建立家校协同、朋辈互助、护航团组等育人工作方案；成立护航计划专家咨询委员会，着力强化全校上下的思想认识和共建意识，全面压实护航任务和主体责任，推动护航计划取得积极进展。

（二）构建支持体系

制定实施护航计划战略支持、教学支持、物质支持、技术支持、政策支持、舆论支持等工作方案，制定学院、部门、教师、服务人员等护航工作主要职责与负面清单，分别制定实施大学生思想护航、学习护航、生活护航、情感护航、身心护航工作细则，开展护航计划先进集体与个人评选表彰，发展壮大大学生护航基金，发布护航计划研究课题指南。强化信息化赋能支持，建设智慧护航系统，做好在校护航档案、离校电子纪念册等工作。

（三）推进实践创新

启动护航计划教育行动研究和教学成果奖立项，编制护航计划工作指南和实验手册，不断推进护航计划实践创新和方案优化；不断推进学团部门改革创新，真正做到理念转过来、工作统起来、重心降下来、队伍强起来；推进健全研究型学工机制，举办“护航论坛”“护航者说”工作沙龙、护航意见征集师生座谈会与问卷调查等活动，加强经验总结和推广应用。

（四）形成基本经验

将实施护航计划与落实《安徽师范大学“时代新人铸魂工程”重点任务清单》紧密结合起来，努力探索形成一批护航计划特色项目和特色品牌，推动护航计划取得第一阶段预期成果，更好发挥示范引领作用。形成新时代高水平学生工作有效路径和基本经验，每年发布护航计划年度报告，组织护航计划行动研究阶段性评审，组建大学生护航联盟，每年举办“新时代高校学生工作创新论坛”，组织申报国家教学成果奖。

四、主要内容

（一）思想护航

实施“思想+品德”价值教育引领。推动习近平新时代中国特色社会主义思想“进教材、进课堂、进头脑”，依托全国重点马克思主义学院，构建“大思政课”格局，健全“1+5+N”课程育人体系，推动思政课程和课程思政协同育人，发挥“行走的思政课”“青春思政课”“智慧思政”“丙辉漫谈”“六个文明”教育实践活动等思政教育品牌作用，构建学生群体分类教育体系，引导广大学生坚持以实现中华民族伟大复兴为己任，自觉做到爱党、爱国、爱校，自立自强、成长成才。牢牢掌握意识形态工作领导权，强化学生法治教育和媒介素养教育，严格网络媒体平台等意识形态阵地管理，及时排查化解政治安全风险。

（二）学习护航

实施“学业+就业”指导帮扶服务。坚持把教书育人作为每位教师的第一职责，采取课程学习帮扶、一年多学（考）等方式，优化思政、公外、公体等课程教学与考核，健全出勤管理、平时作业、考试考核、毕业审查等学业毕业预警机制。聘任专业教师担任班主任，深化学业、职业指导，切实加强学风建设；建立并指导学生宿舍学习小组，坚持低年级晚自习制度，深入开展“赭麓乐学·基础学科辅导”活动，促进学生课程及格率、毕业率合理提升。开展考研、考公、考编等分类指导，发挥校友等资源作用，做实重点群体和就业困难毕业生帮扶，确保有就业意向的重点群体毕业生全部落实毕业去向，毕业生就业率有效提升。

（三）生活护航

实施“物质+文化”生活条件保障。进一步提升学校后勤服务质量和安全管理能力，更好服务学生吃住行等基本物质生活需求。推进校园门禁建设，实施“校院班舍”网格化管理，常态化开展晚点名、宿舍检查、校园电动车治理、防电信诈骗教育等，守护学生安全。拓展大学生护航基金规模，提升兜底性资助的精准度，做好发展型智慧资助育人，提升贫困生综合素质。开展规律作息、均衡饮食、适度上网、理性消费、热爱劳动等生活习惯教育。成立家长、辅导员、学生骨干组成的游戏成瘾等不良习惯矫正帮扶小组，开展针对性矫正帮扶。进一步加强校园文化建设和精神文明创建，推进校史文化、楼宇文化、教室文化、宿舍文化等创建，积极营造良好的校园文化环境。推进“一站式”学生社区建设，打造“一苑一品”育人驿站。

（四）情感护航

实施“交友+家庭”情感疏通引导。通过主题班会、谈心谈话等形式加强学生情感教育，引导学生培养积极情感，学会调控消极情感。通过专家辅导、朋辈共育等方式，开展大学生交友观教育、恋爱观教育、家庭观教育等，引导大学生塑造积极健康的情感交流、倾诉习惯，不断提高大学生人际交往能力。突出“运动、读书、交友”，大力开展学生广泛参与的群众性文体活动，举办“花津大讲堂”等人文与科学素养报告会、“青春”系列文艺赛事，常态化开展演讲比赛、辩论赛、读书分享会等，提升学生综合素养。召开家校联动育人学生家长座谈会，开展重点学生家访，推进家校协同育人，共筑学生“成长共同体”。

（五）身心护航

实施“身体+心理”健康习惯培育。全覆盖开展学生生命教育，着力提高学生珍爱生命意识，优化学生乐观向上的心理品质，教育学生遇到困难学会求助。提高校院班三级“心语”心理健康教育活动的对象性和参与面，着力关心家族遗传、家庭变故、孤僻内向、情感受挫等带来的心理问题。深化“校院班舍”闭环式干预机制，健全筛查预警机制，定期召开专题研判会，建立“一生一档一策一队”心理档案和干预方案，扎实做好心理筛查和危机干预。更好借助社会专业力量开展咨询干预工作，探索心理医生校内坐诊咨询。启动推进一体化心理育人体系研究。推行“体能训练+”课程，优化阳光体育活动、新生体检、应急救护培训等，“校院班舍”分层组织“跑吧”、球赛等体育活动，引导学生每天锻炼1小时。

五、工作保障

（一）加强组织领导

学校党委站在落实立德树人根本任务的政治高度切实加强对护航计划的领导，将护航计划当作一项战略任务和系统工程，加强工作统筹和顶层推动，建立统一规范，加强督查考核，形成思想共识。各学院党政主要负责人要推动护航计划，强化组织领导和责任落实，将护航计划贯穿人才培养工作全过程，与学院党建和事业发展全面融合，与学院特点和专业特色有机结合。各牵头单位落实一把手负责制，加强协调联动，推动工作落实。

（二）压实工作责任

配齐建强学工队伍，引导学生工作队伍坚持以育人为业，在实施“时代新人铸魂工程”和护航计划中勇担当、善作为、作贡献、出实绩。压实教师育人责任，加强师德师风教育，强化政策引领、履职考核和典型选树。加强学生自我教育，强化学生组织建设和学生骨干队伍培养，发挥学生自我管理、自我服务、自我教育、自我监督功能。深入推进全员育人，推动全校教职员工立足岗位发挥育人作用、落实育人责任。

（三）建立长效机制

出台配套制度文件，制定管理制度及考评办法，将护航计划工作成效作为二级党组织政治巡察和党建考核的重要内容，作为学校各项评优评先的重要依据。各单位要围绕护航计划细化实施路径和工作任务，列出任务清单和责任清单，明确时间进度，确保落到实处。

（四）落实保障措施

设立护航计划专项预算，加大育人工作经费投入。强化教师发展政策育人导向，压实教师护航责任。落实学工队伍特别是辅导员行政晋升、职称晋升等政策待遇，拓展职业发展空间。面向全校师生加大护航计划及其实施纲要、运行制度、具体措施的宣传力度，树立全员育人的价值导向，为护航计划顺利实施营造良好的舆论氛围。

附件1：教职员工主要护航责任清单

一、教师

（1）坚定政治方向，带头践行社会主义核心价值观，坚持立德树人，遵纪守法，言行雅正，为人师表，处事公道，光明磊落，严谨治学，做学高为师、身正为范的护航者。

（2）坚持以学生为中心，带着对学生的爱与责任投入教育教学活动，关心爱护学生，严慈相济，诲人不倦，做学生良师益友，乐于帮助解决学生安全与发展面临的现实问题。

（3）注意了解学生的思想状况，将思想教育引导有机融入课堂教学，在各种形式的教育教学活动中积极化解学生群体与个体思想关切和困惑，切实守牢思想护航阵地。

（4）潜心钻研业务，认真备课备生，不断优化教学方法、提高教学水平，加强学生专业思想教育，加强课堂管理，确保教学效果；热心课后辅导，积极为学生解惑答疑，开展学科竞赛指导、学习困难学生帮扶，切实履行学习护航主业。

（5）注意在教育教学活动中引导学生养成良好生活习惯，结合专业与课程开展学生大学与职业生涯规划、劳动教育、科学人文素养教育等指导，以融洽的师生关系培养学生的人际交往能力，助力学生生活护航、情感护航。

（6）与学生交流中注意观察了解其身心状况，关心学生生病请假、课堂身体不适等情况；学习掌握一定的心理健康知识，注意教育方式方法，培育学生的积极心态，将孤僻寡言、言行异常、消极苗头等及时反馈给辅导员和学院。

（7）加强与所涉班级辅导员、班主任等联系，及时反馈学生课堂表现、异常情况等，协同辅导员做好违反课堂纪律教育处理、困难学生帮扶等，不断增强护航合力。

（8）积极了解学校护航总体安排和重要措施，落实护航理念和任务，积极为学校护航建言献策。

二、辅导员

（1）坚定政治方向，带头践行社会主义核心价值观，坚持立德树人，遵纪守法，言行雅正，为人师表，处事公道，光明磊落，严于律己，做以身作则、言行示范的护航者。

（2）坚持以学生为中心，带着对学生的爱与责任投入教育管理服务，关心爱护学生，严慈相济，细致认真，做学生人生导师和知心朋友，乐于帮助解决学生安全与发展面临的现实问题。

（3）摸清学情建立护航档案，严格执行进宿舍、进课堂、进活动、进网络、进家庭等“五进”制度，通过查档、观察、谈心、访师、访生、访家等多种途径掌握学情动态，分类建立“一生一档一策一队”护航档案。

（4）立足思想护航首责主业，构建学生群体分类教育体系，开展学生思想政治教育、价值观教育、法治教育、媒介素养教育等，滚动式开展学生思想动态调查，掌握学生群体性困惑、苗头性问题、偏激性个体等，针对性开展工作。

（5）助力学习护航主线，协同教师深化专业、学业、职业等教育指导，切实加强学风建设；推动建立学生宿舍学习小组，坚持低年级晚自习制度，开展学生考研、考公、考编等分类指导，加强学习困难、就业困难等学生帮扶。

（6）做实生活护航保障，常态化开展晚点名、宿舍检查、安全教育、防电信诈骗教育等，做好兜底性和发展型智慧资助育人，开展规律作息、均衡饮食、适度上网、理性消费、热爱劳动等生活习惯教育和

“六个文明”教育实践活动，参加“一站式”学生社区建设。

（7）拓展情感护航举措，通过主题班会、谈心谈话等形式加强学生情感教育，开展学生交友观、恋爱观、家庭观等教育和“读书、运动、交友”活动，通过电话、短信、座谈、家访等强化家校协同，引导学生培养积极情感。

（8）守牢身心护航底线，开展学生运动习惯教育、生命教育和“心语”心理健康教育活动，着力关心家族遗传、家庭变故、孤僻内向、情感受挫等带来的心理问题，坚持观察筛查预警，落实心理危机闭环式干预机制。

（9）加强与所涉班级教师、班主任等联系，加强党团和班级建设，加强学生骨干队伍培养，协同教师做好课堂纪律教育、困难学生帮扶等，指导发挥朋辈护航功能，不断增强护航合力。

（10）积极了解学校护航总体安排和重要措施，落实护航理念和任务，积极为学校护航建言献策。

三、班主任

（1）坚定政治方向，带头践行社会主义核心价值观，坚持立德树人，遵纪守法，言行雅正，为人师表，处事公道，光明磊落，严谨治学，做学高为师、身正为范的护航者。

（2）坚持以学生为中心，带着对学生的爱与责任投入教育管理活动，关心爱护学生，严慈相济，诲人不倦，做学生良师益友，乐于帮助解决学生安全与发展面临的现实问题。

（3）熟悉本班学生的基本情况，加强与学生的沟通和交流，了解学生的思想状况，有针对性地进行教育和引导，帮助学生树立正确的世界观、人生观和价值观，为学生的人生导航。

（4）立足学业指导和学风建设主线主责，指导本班的学风建设，经常和上课教师保持联系，深入班级听课，掌握学生的学习状况，及时沟通教与学两方面的意见和建议，引导和督促学生端正学习态度，遵守课堂纪律，提高学习的自觉性和主动性，树立良好的学习风气。

（5）发挥专业和职业指导优势，帮助学生了解人才培养方案、专业发展动态、社会需求，根据学生的学习能力、兴趣、爱好，帮助学生巩固专业思想，指导学生制订科学合理的学习计划以及大学规划、职业规划，并对学生选课、学习进程、学习方法等进行指导，引导学生开展学科竞赛和专业实践。

（6）协助辅导员做好日常管理，加强班风建设，配合做好学生思想、生活、情感、身心等摸底建档和困难帮扶工作，参与开展晚点名、宿舍检查、安全教育、综合测评等班级管理，结合专业实际组织开展富有实效的第二课堂文化活动。

（7）积极了解学校护航总体安排和重要措施，落实护航理念和任务，积极为学校护航建言献策。

四、管理服务人员

（1）坚定政治方向，带头践行社会主义核心价值观，坚持立德树人，遵纪守法，为人正派，做以身作则、言行示范的护航者。

（2）坚持以学生为中心，带着对学生的爱与责任投入管理服务活动，关心爱护学生，乐于帮助解决学生安全与发展面临的现实问题。

（3）立足本职做好管理服务工作，树立管理服务育人理念，爱岗敬业，忠于职守，努力做好本职工作，不断提高工作效率和服务水平，为学院护航和教师、辅导员一线护航提供支撑保障，营造良好的育人环境。

（4）待人热情、和蔼、有耐心，以高尚的情操感染学生，以模范的行为带动学生，将育人工作贯穿于言传身教之中，给学生树立良好的形象和榜样，经常深入学生了解并帮助学生解决学习、思想、生活中遇到的各种实际问题。

（5）一线管理服务人员要熟悉所负责楼宇等的学生群体，注意观察了解学生特点与异常，热心关爱身体残疾、心理危机、家庭困难等学生，发现情绪激动等行为异常学生要及时报告并协助处置。

（6）加强与学生辅导员等联系协作，协同做好晚点名、宿舍检查、安全教育、“一站式”学生社区建设等管理服务事务，及时反馈隐患苗头和异常情况。

（7）积极了解学校护航总体安排和重要措施，落实护航理念和任务，积极为学校护航建言献策。

附件2：教职员工护航工作负面清单

（1）不得在教育教学活动中及其他场合有违背党的路线方针政策的言行，不得通过课堂、论坛、讲座、网络及其他渠道发表、转发错误观点，或编造散布虚假信息、不良信息。

（2）不得违反工作纪律，敷衍教学、管理、服务任务，面对单位交办的与自己职责相关、力所能及的护航任务时，不应该推卸责任、消极应付。

（3）不得出现抄袭、剽窃、篡改、侵吞他人学术成果等学术不端行为，不得在招生、考试、推优、保研、就业等工作中徇私舞弊、弄虚作假。

（4）不得要求学生从事与教育教学、科研、社会服务无关的事宜，不得与学生存在影响其健康成长的关系，不得索要、收受学生及家长财物，或利用家长资源牟利。

（5）面对损害学生安全的隐患与现象时，不应该漠然视之，不能既不反馈也不处置。

（6）面对学生反映的与其发展与安全相关的问题、困难、诉求等情况时，不应该一推了之或置之不理，该办理的不办理，该解释的不解释，该上报转办的不报告转办。

（7）面对学生违反课堂纪律、沉迷网络游戏、消极错误言行等不良乃至违纪行为时，不应该听之任之，且没有进行及时妥当的教育引导。

（8）不应该出现违反上级关于落实“立德树人根本任务”、推进“时代新人铸魂工程”要求，以及有损学校推进护航计划部署的言行。

后记

新时代高校学生教育管理工作既是一项充满挑战的事业，更是一项专业性、科学性很强的工作，必须坚持围绕学生、关照学生、服务学生，坚持因时而进、开拓进取、务实创新，一方面要着力构建顺应时代要求和学生实际的育人工作体系，另一方面要切实提升学生工作队伍的专业化、职业化水平，推动新时代高校学生工作从经验走向科学。学校组织编撰的《安徽师范大学大学生护航行动计划2024年度报告》，既是落实立德树人的具体成果，也是学生工作专业化转型的具体表现。

本书基于学校扎实而丰富的护航育人实践，从策划到撰写完成，经数次修改完善，得到了芜湖市第四人民医院夏仲主任和学校路丙辉教授、方双虎教授、韩建涛教授、王静副教授、谢宇博士、史从戎博士和万振东博士等诸多专家学者和一线学工人员的大力支持，其中，主报告由项家春、王亚男执笔；36个典型案例分别由沈镇、邵姚君、吕永鑫、崔世兵、黄友生、刘冠琪、吴青山、刘熠、徐飞、张宇豪、高燕、郭忠尧、江锐、盛杰、王芳、汪倩倩、李昂、杨一飞、陶勇、张薇、汪笑笑、马星宇、朱荣祥、刘胡海、齐小学、冯文君、吴文涵、陈骁、储倩、王虹圆、虞睿、梅冠东、胡坡、王莹、蔡文、王琳、廖仲明等执笔，邵登辉、项家春对报告进行统稿，校党委副书记胡靖对报告进行多次修改完善，校党委书记蒋家平、校长熊宇杰对报告进行了最终审定，在此向他们付出的辛勤劳动一并表示感谢，向支持帮助学生全面成才和健康成长的全体“护航者”致以由衷的敬意。

由于编者水平局限，本书的编撰工作难免存在不足之处，敬请广大读者批评指正，以便我们不断改进工作。